Ah! Se os homens soubessem,
do mais modesto camponês
cultivando os campos,
do operário mais trabalhador
das cidades,
ao professor, ao homem que
vive de renda, até o homem
de fortuna ou de glória
mais eminente, e até a mulher
mundana de aparência
mais frívola; sim, se
soubéssemos que prazer
íntimo e profundo
espera o observador dos
céus, a França, a Europa
inteira se cobririam de
lunetas em vez de se
cobrir de baionetas,
para grande proveito da paz
e da felicidade universais."

— Camille Flammarion, 1880

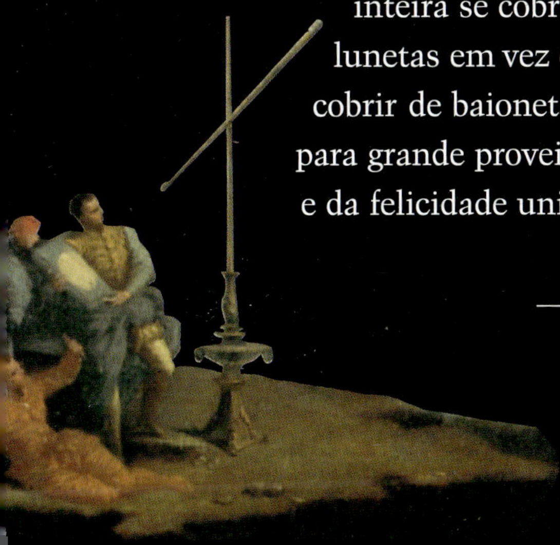

SUMÁRIO

NEWTON
E A MECÂNICA CELESTE

Jean-Pierre Maury

Tradução
Ana Deiró e Jorge Bastos

OBJETIVA

Em junho de 1665, por causa dos horrores da peste que se disseminava, a Universidade de Cambridge fechou as portas e enviou de volta para casa estudantes e professores. Entre eles, um rapaz de 23 anos, que acabara de receber seu diploma: Isaac Newton. Ele passaria um ano na calma região do campo onde nascera, um ano tão rico em descobertas que os historiadores o chamarão de *Annus mirabilis*: o ano maravilhoso.

CAPÍTULO 1

AS FÉRIAS DE ISAAC NEWTON

Foi nesta casa em Lincolnshire, a meio caminho entre Londres e a Escócia, que Newton passou um ano de férias forçadas, sem dúvida as mais proveitosas da história da ciência.

Isaac Newton nasceu no dia de Natal, 25 de dezembro de 1642, ano da morte de Galileu. Seu pai havia morrido alguns meses antes. Dois anos mais tarde, sua mãe casou-se de novo e foi morar no vilarejo vizinho, deixando o jovem Newton aos cuidados da avó, na propriedade de Woolsthorpe, que pertencia à família havia duzentos anos.

Quando Newton completou 14 anos, sua mãe, tendo enviuvado uma segunda vez, retornou para viver em Woolsthorpe com os três filhos de seu segundo casamento. Pouco depois, ela tirou Isaac da escola para que ele aprendesse a administrar a propriedade, mas o jovem adolescente não manifestava nenhum gosto pelos negócios: dividia seu tempo entre os livros e a invenção de brinquedos engenhosos, casas de bonecas para as irmãs mais moças, um moinho de vento em miniatura ou um relógio movido à água que funcionaria durante anos... Sua mãe, então, decidiu fazê-lo retomar os estudos, e, aos 18 anos, ele foi admitido na Trinity College, da Universidade de Cambridge. Newton teria apenas o tempo exato para ali concluir seus estudos antes que a peste o fizesse fugir, mandando-o de volta para passar 18 meses em Woolsthorpe.

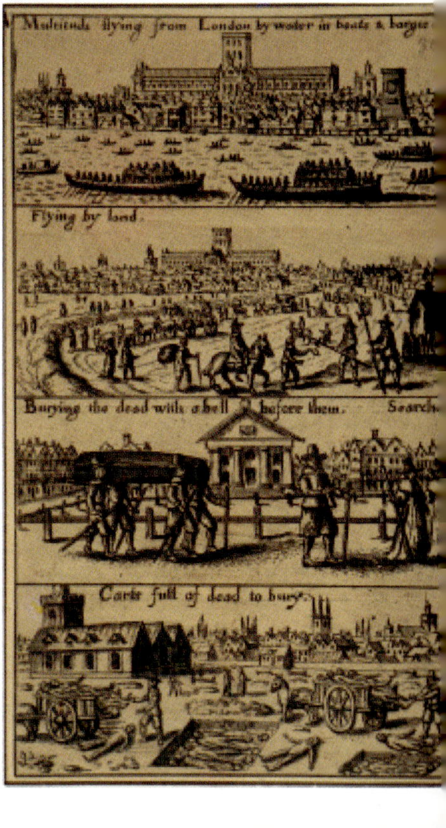

A grande peste de 1665 fez, somente em Londres, mais de 70 mil vítimas. Estas gravuras populares da época mostram os londrinos fugindo de sua cidade, lançando mão de todos os meios que possuíam, enquanto passavam os cortejos fúnebres e os cadáveres se empilhavam, enchendo charretes inteiras.

No campo, Newton continua as experiências sobre a luz que havia começado em Cambridge

A partir de 1664, Newton começou a escrever em livros de anotações sobre suas leituras, experiências e idéias. Desse modo, sabemos que ele refletiu sobre os *Diálogos* de Galileu, sobre a *Geometria* de Descartes e sobre os trabalhos de Kepler, em particular a respeito da luz e do problema das cores.

Nessa época, sabia-se havia muito tempo que um prisma de vidro "dá cores" a um raio de sol que o atravesse. Essa experiência do prisma já havia sido apresentada no livro de Giambattista della Porta,

De Refractione, que foi publicado em Nápoles em 1558. Mas a explicação para essas cores ainda se baseia nas idéias muito antigas de Aristóteles: a luz é branca, e as cores nascem progressivamente de seu enfraquecimento.

A luz vermelha e a luz amarela, cores da chama, são as menos enfraquecidas. Em seguida vêm, cada vez mais "carregadas de negro", verde, azul e violeta.

Como o raio de luz branca do sol, atravessando o prisma de duas faces, se colore de vermelho do lado da

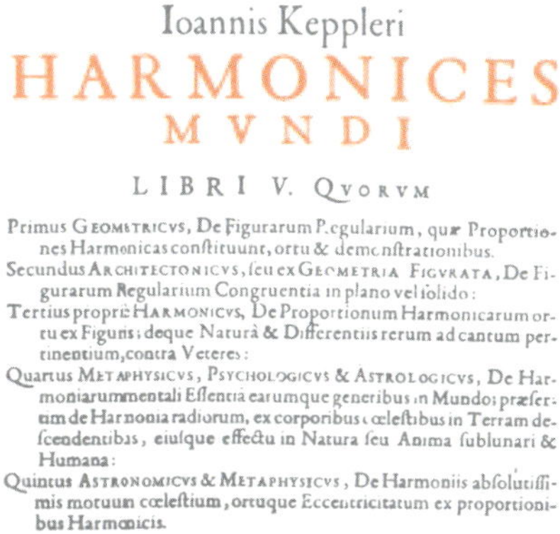

Ioannis Keppleri
HARMONICES
MVNDI
LIBRI V. QVORVM

Primus GEOMETRICVS, De Figurarum Regularium, quæ Proportiones Harmonicas constituunt, ortu & demonstrationibus.
Secundus ARCHITECTONICVS, seu ex GEOMETRIA FIGVRATA, De Figurarum Regularium Congruentia in plano vel solido:
Tertius propriè HARMONICVS, De Proportionum Harmonicarum ortu ex Figuris; deque Naturà & Differentiis rerum ad cantum pertinentium, contra Veteres:
Quartus METAPHYSICVS, PSYCHOLOGICVS & ASTROLOGICVS, De Harmoniarum mentali Essentiâ earumque generibus in Mundo; præsertim de Harmonia radiorum, ex corporibus cœlestibus in Terram descendentibus, eiusque effectu in Natura seu Anima sublunari & Humana:
Quintus ASTRONOMICVS & METAPHYSICVS, De Harmoniis absolutissimis motuum cœlestium, ortuque Eccentricitatum ex proportionibus Harmonicis.

Eis aqui dois dos livros de cabeceira do jovem Newton: o *Tratado* de Kepler (1609) e, sobretudo, os *Diálogos* de Galileu (1632). O primeiro contém, em meio a uma variedade de considerações geométricas, estéticas e metafísicas, as três leis do movimento dos planetas, leis que Newton será o primeiro a reconhecer através da demonstração. Quanto ao segundo livro, que custou a Galileu sua condenação, foi acolhido em toda a Europa como o manifesto da astronomia moderna: finalmente libertados da "perfeição celeste", dali por diante os astros serão objeto do raciocínio físico.

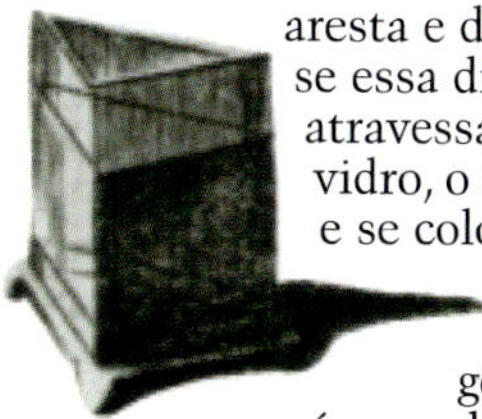

aresta e de azul do lado da base, explica-se essa diferença pela espessura de vidro atravessado: tendo atravessado mais vidro, o raio da base é mais enfraquecido e se colore de azul. Evidentemente, já se sabia que o arco-íris se deve a um fenômeno do mesmo gênero, em que as gotículas de água substituem o prisma, e explica-se da mesma maneira.

Newton reflete a respeito de tudo isso e, de início, retoma essas explicações, tentando somente, como fez Descartes, levá-las mais adiante, buscando as razões mecânicas (por exemplo, a diminuição da velocidade causada pelo vidro) para esse "enfraquecimento da luz". Ao mesmo tempo, ele tenta cortar lentes segundo formas que evitariam essa coloração. Depois, um novo livro de anotações fala de "raios azuis" e "raios vermelhos"...

O arco-íris, sob todas as suas formas, sempre intrigou os homens, e por muito tempo foram-lhe atribuídas qualidades sobrenaturais. A partir do Renascimento, tornou-se objeto de estudos para os sábios, mas neste caso também Newton será o primeiro a fornecer uma explicação correta. Estas duas gravuras ilustram o fenômeno em duas situações excepcionais, em que o observador tem uma visão privilegiada das gotículas de água que dispersam as cores, seja porque essas gotículas são produzidas de maneira muito localizada por uma cascata, seja porque o observador se encontra em lugar muito alto (abaixo, nos Andes).

Newton encontra a explicação: a luz "branca" é uma mistura de luzes de todas as cores...

...E o prisma as desvia de maneira diferente. Vejam como ele próprio relatará, alguns anos mais tarde, em uma carta, o nascimento dessa idéia: "No princípio do ano de 1666, consegui um prisma de vidro para realizar a célebre experiência das cores. Tendo escurecido meu quarto e feito um pequeno buraco nos postigos, para deixar entrar uma quantidade conveniente de raios de sol,

posicionei meu prisma contra esse buraco, para refratar os raios sobre a parede oposta. Inicialmente, foi muito agradável contemplar as cores vivas e intensas assim produzidas. Mas depois de um momento, eu me dediquei a examiná-las mais cuidadosamente..."

Ele observa, primeiramente, que a mancha luminosa não é apenas colorida, ela é também muito alongada: a "parte azul" é mais desviada pelo prisma que a "parte vermelha". Seria isso, talvez, resultado

Newton tinha 24 anos na ocasião em que descobriu que a luz "branca" do sol é uma mistura de luzes de todas as cores, mistura que o prisma decompõe e dispersa.

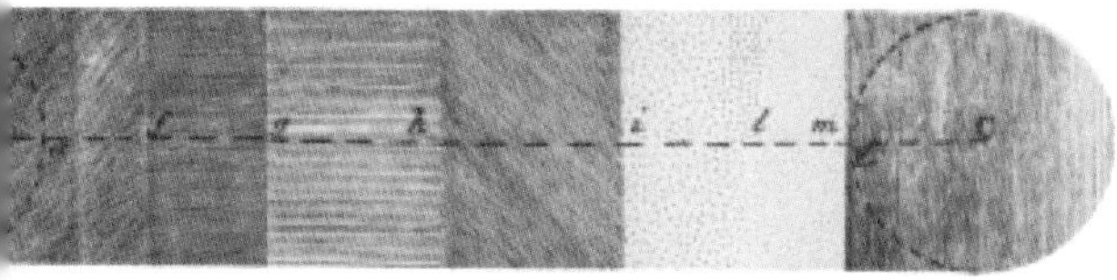

Este dispositivo é muito mais elaborado do que o dispositivo de que Newton dispunha em seu quarto em Woolsthorpe: um simples buraco no postigo da janela, um prisma e a parede defronte à guisa de tela para receber o espectro...

de um defeito no prisma? Como saber? Newton teve a idéia de colocar atrás do prisma um outro prisma na posição inversa: seus desvios deveriam se compensar, mas seus defeitos não... Ora, a mancha agora ficou redonda e branca: é porque não há defeitos.

Progressivamente, Newton logo chegou ao que ele chamou de a experiência "crucial": com a ajuda de um buraco numa pequena prancha de madeira montada sobre um pé, ele isolou a parte azul da mancha produzida pelo prisma e enviou essa luz azul para um segundo prisma. Ela está desviada, sem dúvida, mas não decomposta, nem de outra cor!

Dessa vez, Newton teve certeza de ter descoberto: a luz "branca" do sol é uma mistura de luzes de todas as cores, e o prisma desvia de maneiras diferentes essas diversas luzes. A partir desse momento, Newton multiplicou as experiências, demonstrando em particular as várias maneiras pelas quais podemos refazer a luz "branca" ao misturar luzes coloridas!

Curiosamente, Newton guardou silêncio sobre sua extraordinária descoberta

Essa reticência tem, certamente, várias explicações. Para começar, Newton ainda era apenas um estudante. Ele sabia que uma descoberta tão revolucionária iria despertar a hostilidade dos professores. Veremos, além disso, que ele a publicará cinco anos mais tarde, depois de ele próprio ter se tornado professor e ter sido

reconhecido pelos colegas graças à sua invenção do telescópio de reflexão.

E seria assim durante toda a sua vida: sempre seria a contragosto, constrangido e obrigado que Newton tornaria públicas suas descobertas. Sem dúvida, foi meticuloso em primeiro acumular experiências e provas. Mas, sobretudo, ele possuía um temperamento solitário e tímido, temia controvérsias, o estardalhaço e o furor das discussões... Em suma, o oposto do brigão alegre e combativo que era Galileu.

E, se sua descoberta da mistura das cores deveria permanecer secreta durante cinco anos, seriam vinte anos que deveria esperar uma descoberta ainda mais importante, certamente o fruto mais maravilhoso do "ano maravilhoso" de 1665-1666: a gravitação, a atração universal...

A maçã, decididamente, desempenhou um grande papel nas questões humanas: ela causou a queda de nossa mãe Eva; depois, oferecida a Páris, desencadeou a Guerra de Tróia; enfim, colocada sobre a cabeça do jovem Tell, libertou a Suíça. Quanto à Branca de Neve... A maçã de Newton é, sem dúvida — depois da maçã de Eva, é claro —, a que mais inspirou os ilustradores, seja com o sábio sendo acertado por ela na cabeça, como no caso do irreverente Gotlib, seja com ele meditando diante dela, como nesta gravura do século XIX... De qualquer forma, o problema não era tanto observar a maçã e sim compará-la à Lua.

Newton observa a maçã e a Lua... e descobre a força do mundo

Como com freqüência acontece com os pequenos clarões de revelação que estão na origem das grandes descobertas, o nascimento da idéia da atração universal tomou a forma de uma historieta, sem dúvida uma fábula, mas nunca se sabe...

Na atmosfera suave de um anoitecer de outono, Newton devaneava sentado sob uma macieira de Woolsthorpe, contemplando a Lua... De repente, uma maçã cai. Pois tudo que é desprovido de apoio cai sobre a Terra. E a Lua? Ela não tem apoio: por que não cai também? Numa revelação súbita, Newton "vê" a resposta: a Lua cai!

A Lua cai em direção à Terra. Caso contrário, ela continuaria seguindo em linha reta e desapareceria no infinito. Uma vez que sua trajetória encurva-se em direção à Terra, ela cai, porém sua "velocidade transversal" é tão grande que sua queda encurva sua rota exatamente o suficiente para mantê-la à mesma distância da Terra: ela cai indefinidamente, descrevendo ao redor da Terra um círculo que a mantém sempre à mesma distância, no mesmo estado de queda permanente!

Ora, se a Lua gira em torno da Terra, a Terra gira em torno do Sol, do mesmo modo que todos

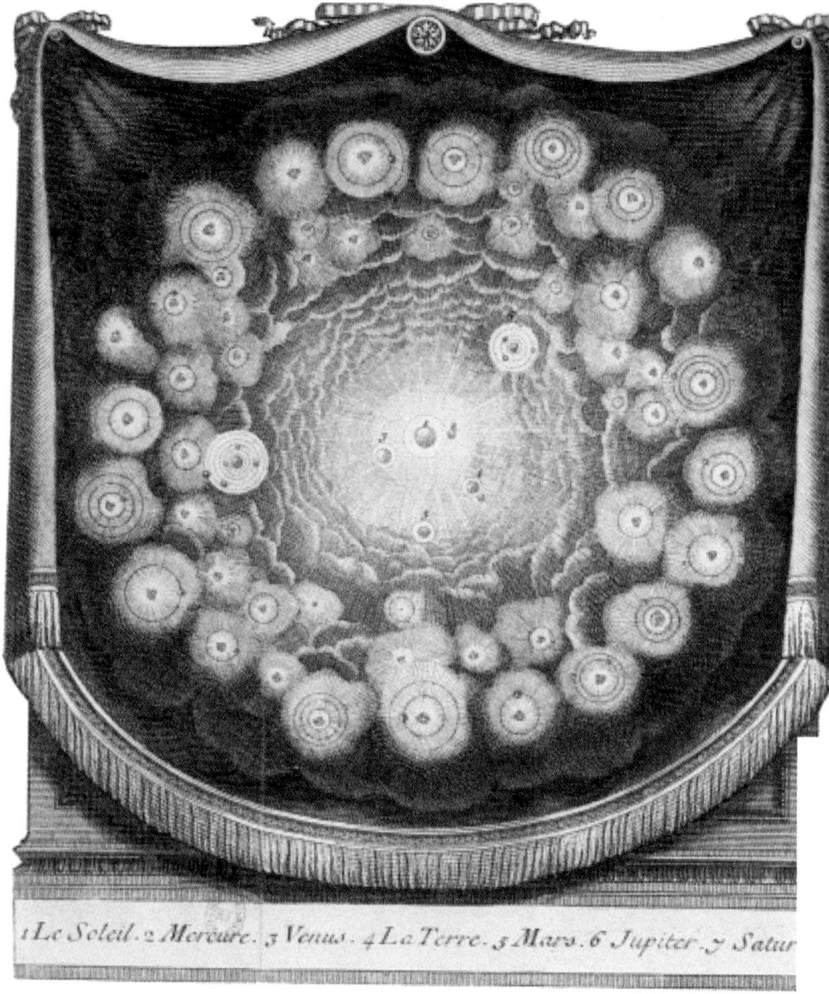

os outros planetas. Os satélites de Júpiter, a mais bela descoberta de Galileu, giram em torno de seu planeta. Titã, o satélite de Saturno que Huyghens havia acabado de descobrir, gira ao redor de Saturno... A imensa valsa do sistema solar teria a mesma origem, a mesma explicação que a queda de uma maçã no pomar de Woolsthorpe, numa noite de outono?

Os contemporâneos de Newton são incapazes de explicar a origem dos cometas

Estamos em 1665. Há pouco mais de 120 anos Copérnico publicou seu sistema do mundo, segundo o qual os planetas giram em torno do Sol. Há cinqüenta anos Kepler enunciou as leis que descrevem seus movimentos. Há trinta anos Galileu foi condenado por ter tornado tudo isso palpável, graças às descobertas que lhe permitiu sua luneta...

E Galileu fez algo ainda mais importante — e bem mais condenável, do ponto de vista de seus juízes: ele finalmente destruiu a barreira que havia sido construída há 2 mil anos entre a Terra e o céu.

Durante 2 mil anos, com efeito, a astronomia e a física foram separadas. Desde a época de Platão e de Aristóteles, era proibido pesquisar as causas naturais dos movimentos dos corpos celestes, movimentos considerados como "perfeitos", da mesma forma que os próprios corpos celestes.

Ao mostrar que a Lua tem montanhas e o Sol tem manchas, Galileu quebrou essa "perfeição". Terrosa como a Terra, a Lua não é mais perfeita do que ela. Por que seu movimento deveria sê-lo e escapar às causas que tornam móveis os objetos cotidianos? A idéia de que uma mesma lei natural pudesse governar a Lua e a maçã era sacrilégio na época de Galileu — o pobre coitado o constatou —, mas, graças a ele, tornou-se evidente alguns anos mais tarde.

Foi assim que Descartes declarou-se contra uma explicação natural dos movimentos

Esta gravura do século XVIII não é curiosa somente por causa de uma abundância de sistemas planetários, mas também e sobretudo pelas nuvens espessas que materializam a obscuridade cósmica e pelo fato de que a luz do Sol só faz recuar: 2.200 anos depois que Parmênides a dissipou, a "obscuridade brumosa" da Antigüidade sobrevive na imaginação dos artistas.

Ao apresentar sua luneta aos senadores de Veneza, Galileu os fez ver navios e monumentos distantes. Quanto a ele, não tardaria muito a virar seu novo instrumento para o céu...

PLANISPHÆRIVM
Sive
MVNDI TOTIVS,
TYCHONIS
PLANO
CAPRI CORNVS
SAGIT
AQVA RIVS
PIS CES
ARI ES
TAV RVS
GE MINI
CAN
CIRCVLVS IOVIS
IVPITER
MARS
MARS MARTIS CIRCVLVS
IVPITER IOVIS CIRCVLVS
SATVRNVS SATVRNI

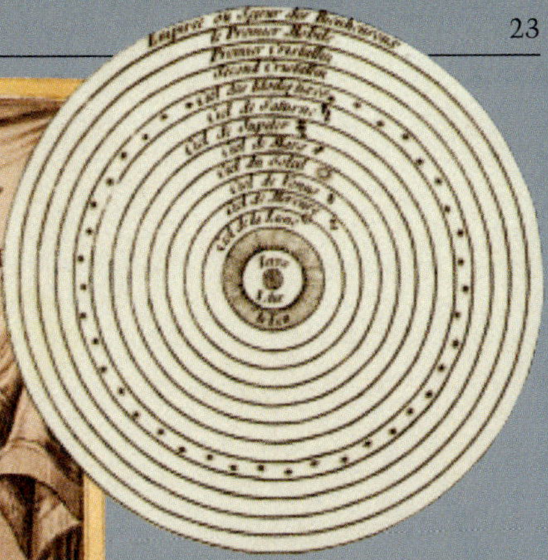

O sistema de Tycho

O Renascimento se satisfazia mais com a ordem perfeita do sistema de Ptolomeu (acima), em que as esferas se embutem ao redor da Terra imóvel no centro do mundo. Mas a imobilidade da Terra e sua posição central são dogmas tão bem estabelecidos que caímos na tentação de preservá-los ao mesmo tempo que descrevemos e compreendemos melhor os movimentos observados. Desse modo, Tycho Brahe propõe, no século XVI, um sistema em que os planetas giram ao redor do Sol, enquanto este descreve em um ano um círculo ao redor da Terra, sempre imóvel no centro do mundo.

PLANISPHÆRIVM
Sive
VNIVERSI TO
EX HYPO
COPERNI
PLANO

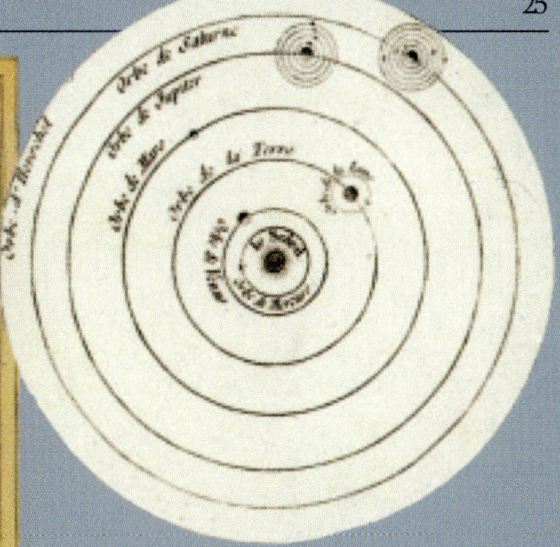

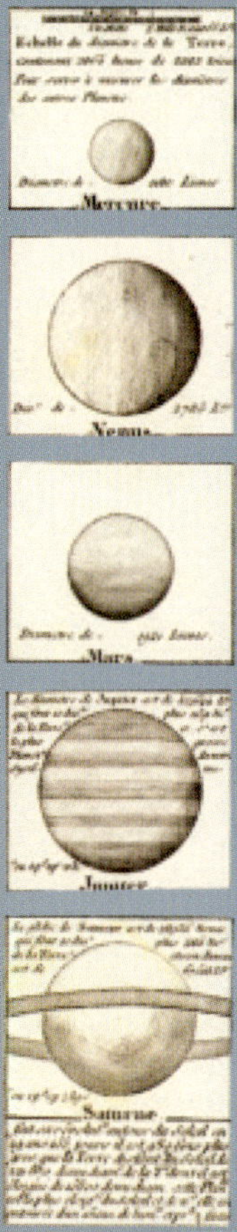

O sistema de Copérnico

Com o sistema de Copérnico, tudo se torna mais simples, mas a Terra não é nem imóvel, nem "central": ela gira ao redor do Sol, como os outros planetas. Esses planetas, brevemente, terão aspecto conhecido, graças ao aperfeiçoamento dos instrumentos, mas, para conhecer seu tamanho, será necessário primeiro medir a distância em que se encontram, isto é, medir o sistema solar. E, para que uma medida absoluta permita que se conheçam todos os outros, será necessário primeiro determinar (em 1672) todas as proporções do sistema, as relações entre as distâncias Sol-Terra, Sol-Marte etc. A gravura acima data dos anos 1800: de fato, Urano já figura nela, mas ainda se chamava Herschel...

dos corpos celestes. Como lhe repugnava — da mesma forma que a todos os seus contemporâneos — a idéia de uma ação à distância, ele imaginava, para preencher o vácuo entre os corpos celestes, "turbilhões" de uma matéria invisível, turbilhões capazes de arrastar consigo — todos no mesmo sentido — planetas e satélites.

Só que, e Newton sabia muito bem disso, mesmo se todos os planetas e todos os satélites conhecidos à época girassem no mesmo sentido, entre os cometas existem aqueles que "desobedecem" e giram no sentido inverso. Ou estes fazem pouco e zombam dos turbilhões (e por quê?) ou então não existem turbilhões.

Será necessário então admitir a ação à distância, admitir que a Terra atrai a Lua através de centenas de milhares de quilômetros de vácuo?

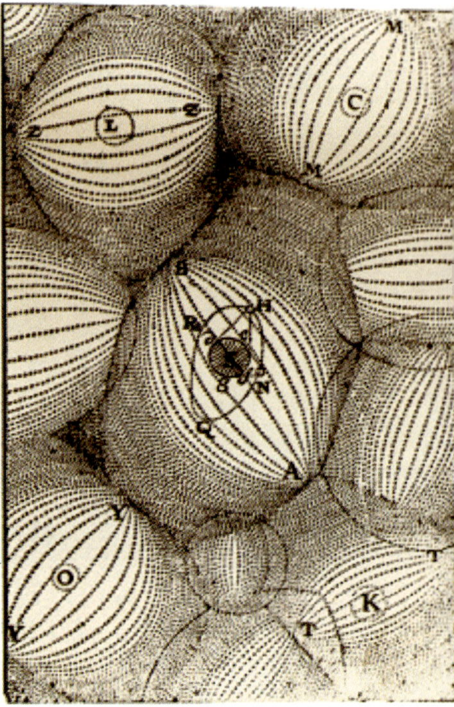

Newton procura uma lei para a atração: como esta variará com o distanciamento?

O distanciamento de quê, precisamente? Surge uma nova idéia "maravilhosa": o que vale para a maçã da mesma forma que para a Lua é a distância do centro da Terra. A maçã está a 6.400 quilômetros, a Lua a 380 mil. Basta calcular quanto cada uma "cai" em um segundo. Newton encontra sua lei: a atração é "inversamente proporcional ao quadrado da distância".

E esta lei seria comprovada pelas atrações que o Sol exerceria sobre seus diversos planetas? Sim, grosso modo, se admitirmos que eles descrevem círculos. Mas Kepler demonstrou que os planetas descrevem elipses, e nesse ponto o cálculo é impossível com a matemática existente.

Cada vez mais, Newton admitia que era o centro do corpo esférico (Terra ou Sol) o que "valia". Mas não queria se contentar em admiti-lo, ele queria demonstrá-lo.

Apesar de estar residindo na Holanda desde 1628, e portanto menos ameaçado pela Igreja, Descartes renuncia à publicação de seu "sistema do mundo", para evitar conhecer os mesmos problemas que Galileu (condenado em 1633). Isto lhe valerá, depois de sua morte, ser tachado de "pusilânime" pelo pregador que glorificou os massacres de Cévennes, o zeloso poeta narrador das virtudes da família real, o bispo Bossuet.

Para isso será necessário que ele invente não somente uma nova parte fundamental da matemática (que hoje chamamos de cálculo diferencial), mas também que leve mais além a teoria das forças e dos movimentos elaborada por Galileu. Ele tem o prato cheio — por anos! Mas, nós já sabemos, Newton não tem pressa de publicar, nem mesmo de relatar, suas descobertas: o mundo ainda deverá esperar cerca de vinte anos pela lei da atração universal!

Durante esses vinte anos, a astronomia européia irá mudar irreversivelmente de semblante.

O diâmetro da Lua tem o valor aproximado de um quarto do diâmetro da Terra, e a distância entre seus centros um pouco menos de trinta diâmetros terrestres.

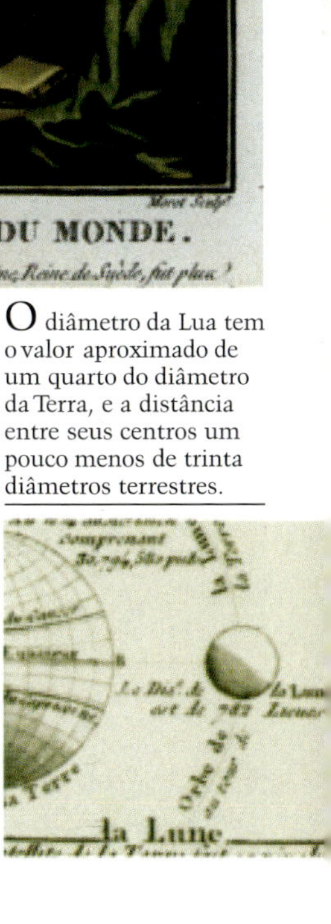

"Na terça-feira, 21 de junho de 1667, dia do solstício, os senhores Auzout, Frenicle, Picard, Buot e Richer dirigiram-se desde o amanhecer para o Uranoscópio ou o Observatório, para traçar uma linha sobre uma pedra..." Assim iniciou-se a construção do Observatório de Paris. Em menos de dez anos, nele serão medidos a Terra, o sistema solar e a velocidade da luz.

CAPÍTULO 2

O NASCIMENTO DA ASTRONOMIA MODERNA

Em 1667, Paris reúne um bom grupo de sábios europeus. A construção do Observatório irá torná-la o primeiro centro astronômico da época.

Quando Colbert fundou, em 1666, a Academia de Ciências de Paris, ela já existia havia mais de trinta anos... De fato, na França como em outros países, os sábios adquiriram o hábito de se reunir regularmente, com mais freqüência em casa de um deles, para falar sobre seus trabalhos e suas descobertas.

Em Paris, essas assembléias se realizavam em casa de um curioso personagem, Melchisédec Thévenot, um faz-tudo científico, colecionador infatigável e grande viajante. Foi na casa dele, por exemplo, que Mersenne, que se correspondia com todos os sábios da Europa, apresentou a Descartes o filósofo inglês Hobbes. Gilles de Roberval, Gassendi, Blaise Pascal pertenceram a esse círculo.

No exterior, grupos análogos já possuíam um patrono ou um estatuto: em Florença, a Accademia del Cimento é patrocinada, a partir de 1657, pelo

"Por ocasião da fundação do Observatório, Colbert apresenta ao rei Luís XIV os membros da Academia." Esta pintura substitui a ficção: Luís XIV só visitou oficialmente o Observatório em 1682. Mas, ao mostrar uma anedota imaginária, ela nem por isso representa menos a realidade: foi, certamente, por ordem de Luís XIV, e por iniciativa de Colbert, que foram fundados a Academia e o Observatório.

cardeal Leopoldo de Médicis; na Baviera, os Curiosos pela Natureza recebem o apoio de Leopoldo I; na Inglaterra, a Sociedade Real de Londres já estava estabelecida desde 1645. Colbert, como sempre preocupado com o poder do Estado, decide "nacionalizar" a assembléia dos sábios franceses, fundando uma Academia de Ciências análoga à Academia francesa de Richelieu.

Ora, entre os sete primeiros membros, há nada menos que quatro astrônomos: Auzout, Picard, Roberval e, sobretudo, o holandês Christian Huyghens, recentemente chamado a Paris por Luís XIV, que é ao mesmo tempo o mais célebre astrônomo e o maior físico dos círculos do saber do século XVII. Efetivamente, ele não só descobriu os anéis de Saturno, como também criou o relógio de pêndulo, e esse fato iria revolucionar a astronomia.

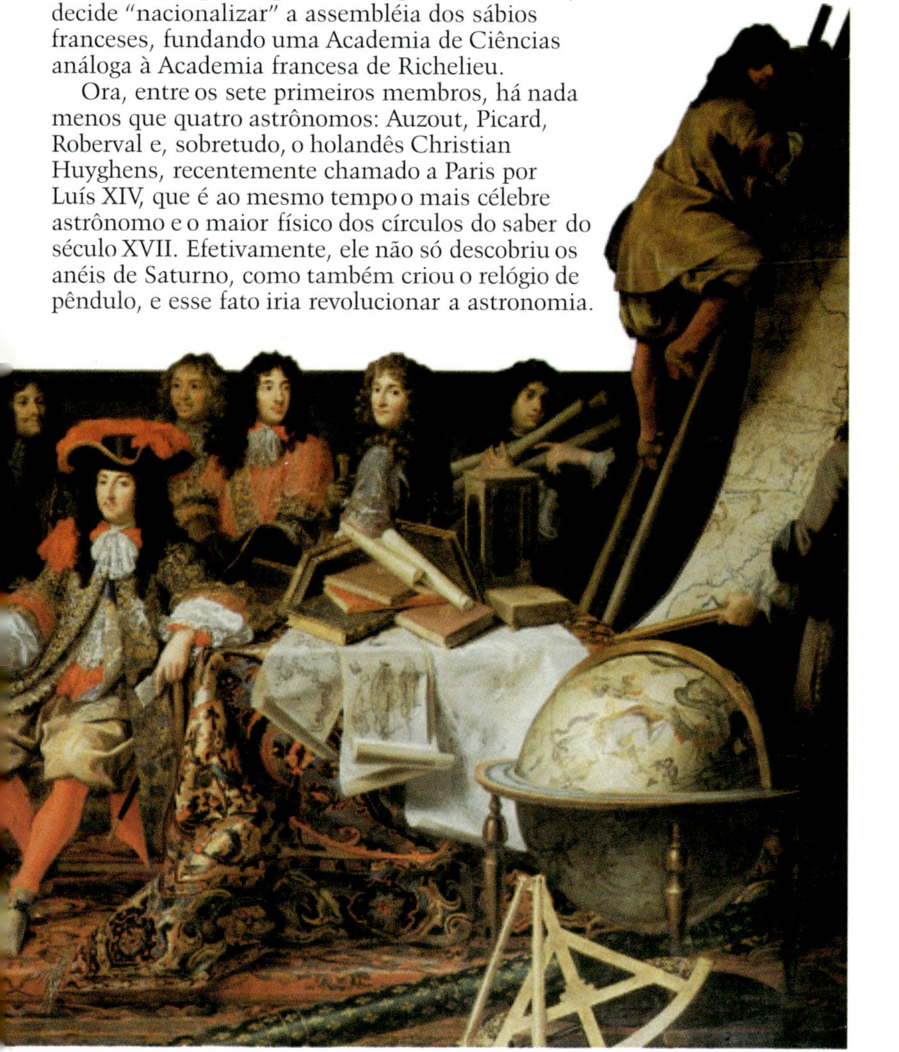

O relógio de Huyghens e o micrômetro de Auzout subitamente tornam possível que se possa efetuar medições astronômicas cem mil vezes mais precisas

No princípio do século XVII, a única maneira para Galileu de computar os iguais intervalos de tempo sucessivos era sentindo os batimentos de seu pulso: foi assim que ele enunciou e demonstrou as leis do plano inclinado! Foi sem dúvida também dessa maneira que Galileu estudou as oscilações do pêndulo — observando um lustre se balançar durante longa e tediosa missa, diz a lenda... Em todo caso, ele constatou que o período do pêndulo (o tempo de ida e volta) não depende da amplitude de suas oscilações, por menores que sejam.

Foi essa observação que deu a Huyghens a idéia de utilizar um pêndulo para regular o movimento de um relógio. Até então, os relógios mecânicos eram regulados muito grosseiramente, pela rigidez de uma lâmina de metal elástica, e eram menos dignos de confiança que os relógios à água, como aquele que o jovem Newton havia instalado em Woolsthorpe...

Mas com o pêndulo regulador, cujo movimento é mantido exatamente pelo escape que o próprio relógio comanda, tudo se modifica: por volta de 1665, o relógio mecânico "marca" até os segundos em 24 horas! Estima-se que tenha sido de mil por cento o ganho obtido na apuração precisa da passagem do tempo!

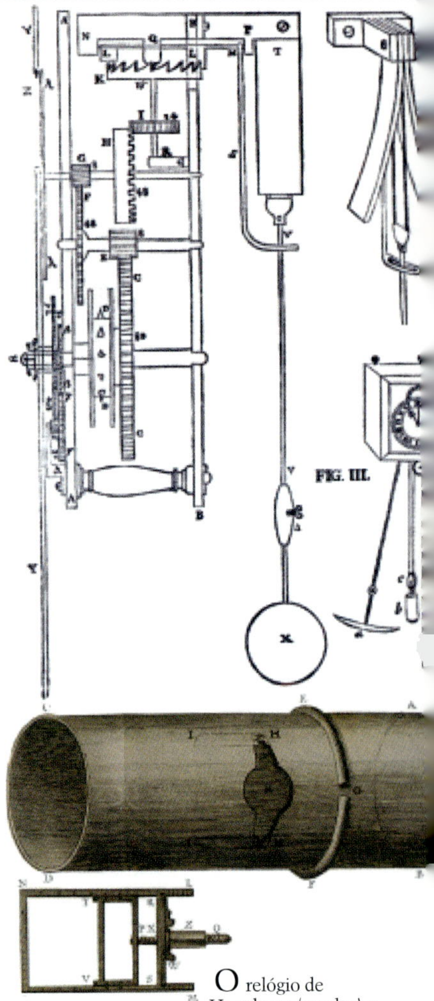

O relógio de Huyghens (ao alto) e o micrômetro de Auzout, com sua moldura corrediça e seu parafuso (embaixo): essas duas invenções subitamente tornaram possíveis as medições astronômicas de precisão.

Quanto ao micrômetro de Auzout, é um dispositivo que permite, girando um parafuso, deslocar um fio diante da lente de uma luneta, para colocar este fio exatamente sobre a imagem de uma estrela. Marcando, sobre um cilindro graduado, o ângulo em que gira o parafuso, medem-se os deslocamentos do fio em ordem de grandeza de centena de milímetro:

ganha-se um fator cem na precisão das medidas de posição.

Com Galileu e Newton, Huyghens foi um dos três grandes físicos do século XVII. Conhecido desde muito cedo por suas descobertas acerca de Saturno (os anéis e o primeiro satélite) e por seu relógio de pêndulo, ele também publicou o primeiro tratado completo de cálculo das probabilidades, desenvolveu consideravelmente toda a mecânica e o cálculo das curvas e concebeu a primeira teoria ondulatória da luz... Convidado a ir para Paris, por Colbert, por ocasião da fundação da Academia, Huyghens foi expulso de lá em 1685, pela revogação do Édito de Nantes.

É chegada a hora da astronomia de precisão: a partir de 1665, Auzout propõe a Luís XIV a construção de um observatório

"Isto contribuirá, senhor, para a glória de Vossa Majestade e a Reputação da França, e é isso o que nos faz esperar que Vossa Majestade ordene que se crie um lugar especial para que sejam feitos no futuro todos os tipos de observações celestes e que Vossa Majestade faça com que seja guarnecido de todos os instrumentos necessários para esse objetivo."

Em 1667, Colbert comprou em nome do rei "um lote de terras no qual está situado um moinho de vento... fora do falso portão de Saint-Jacques, na localidade conhecida pelo nome de Grand Regard"... E os astrônomos da Academia vieram com grande pompa, no dia do solstício de verão, para determinar a orientação do futuro prédio, traçando sobre o solo "o meridiano" — isto é, o meridiano de Paris.

O prédio só ficaria pronto em 1672, mas os trabalhos astronômicos iniciariam-se imediatamente. O primeiro ponto do programa, escolhido desde 1667, é a medição precisa do tamanho da Terra.

Como os astrônomos de Alexandria, 1.900 anos antes, os astrônomos do Observatório começam a medir a Terra, antes de se lançarem em direção aos astros

A Terra sendo esférica, como se supunha, para conhecer seu tamanho bastaria medir o comprimento de um grau de meridiano, isto é, a distância separando dois pontos do mesmo meridiano, onde as verticais formam entre si um ângulo de um grau: bastaria, em seguida, multiplicar essa distância por 360 para conhecer a circunferência do globo.

A distância a medir — com a maior precisão possível — soma aproximadamente 110 quilômetros. O método baseia-se na triangulação,

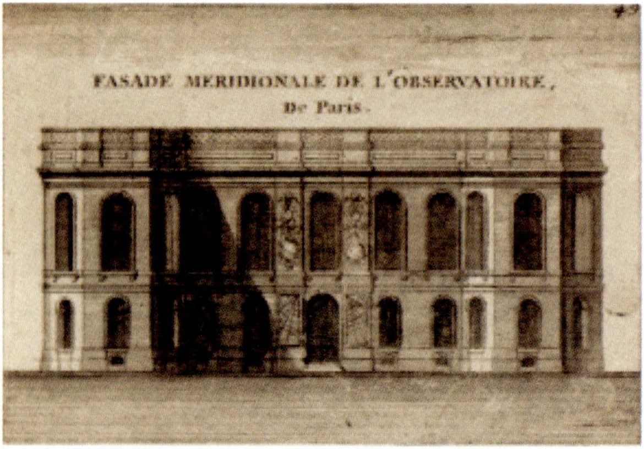

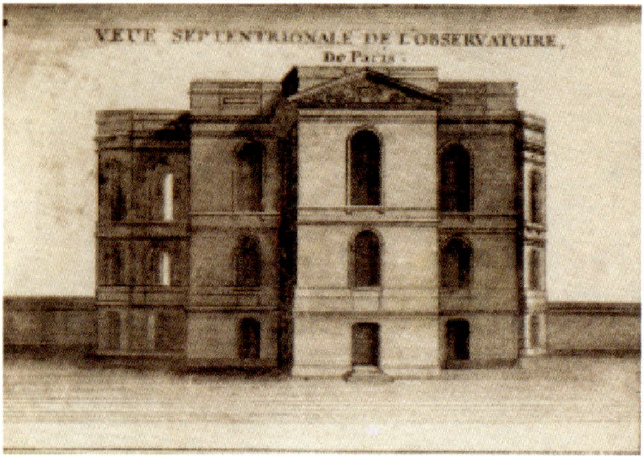

Luís XIV havia mandado que fosse transferida para os jardins do Observatório a "Torre de Marly", para que Cassini pudesse nela instalar suas objetivas. Ele, na verdade, observava sem o tubo e se deslocava para o jardim, com a ocular na mão, olhando através de uma objetiva situada a 10 ou 20 metros. Por volta de 1835, foram acrescentadas ao Observatório duas alas e duas cúpulas, mas o prédio principal continua sendo o mesmo do século XVII.

estudado a partir de 1533 por Gemma Frisius e posto em prática em 1615 por Willebrord Snell, concorrente de Descartes em matéria de óptica... Quando se conhecem os ângulos de um triângulo e um de seus lados, calculam-se facilmente os outros dois. Desse modo, cobre-se a região a ser medida com uma rede de triângulos, cujos vértices são marcos característicos visíveis de longe (campanários, marcações edificadas sobre colinas etc.), e medem-se cuidadosamente todos os ângulos desses triângulos. Depois mede-se por agrimensura, com varas, um dos lados (a "base"), ao longo de uma dezena de quilômetros. Agora não há mais nada a fazer exceto calcular todos os outros,

A zona de um eclipse total do sol tem, no máximo, alguns quilômetros de largura. Portanto, a cada vez, é preciso levar até lá os instrumentos necessários e construir para eles abrigos improvisados.

e finalmente a distância entre os dois vértices, marcando as extremidades do "grau de meridiano" — extremidades determinadas por procedimentos astronômicos.

Em um período de dois anos, Picard mede o arco de meridiano entre Paris e Amiens

Antigo assistente de Gassendi, com quem observou o eclipse solar do dia 21 de agosto de 1645, o abade Jean Picard também contribuiu para a regulagem precisa do micrômetro de Auzout. Nomeado para a Academia de Ciências de Paris desde a sua fundação, ele supervisionará a construção dos primeiros instrumentos do Observatório, do qual fará, em 1671, uma descrição

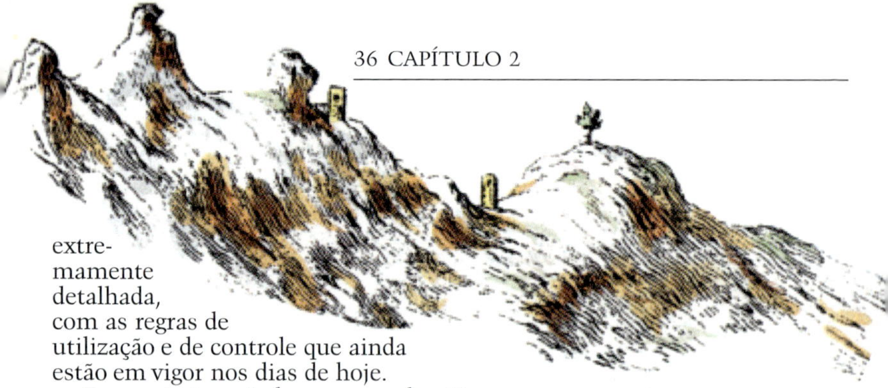

extremamente detalhada, com as regras de utilização e de controle que ainda estão em vigor nos dias de hoje.

Enquanto isso, é ele quem mede a Terra... Felizmente, faz suas medições na região parisiense, o que lhe permite retornar a Paris com freqüência e ali dar continuidade a outros trabalhos. Em campo, deve instalar seus instrumentos de observação — dos quais as lunetas são os primeiros a utilizar o micrômetro — no alto dos campanários e das torres que definem seu sistema de triangulação. Seu grande setor de 3,25 metros de raio, destinado a fixar astronomicamente as direções das verticais nas duas extremidades do arco de medida, correria o risco de perder a regulagem se fosse transportado de charrete. De modo que foi transportado a pé, carregado numa liteira, de Paris até Amiens.

A base, com 11 quilômetros de comprimento, vai de Villejuif até Juvisy. Sua medição é efetuada

Picard não se contentou em medir o grau do meridiano: mediu a França inteira. No curso de uma série de missões ao longo de cinco anos (1676-1681), preparou com La Hire o primeiro mapa completo da costa francesa. Quando lhe apresentaram, em 1682, este mapa sobreposto ao mapa inexato em vigor até então, Luís XIV queixou-se ironicamente de que aquela operação lhe havia custado uma parte nada desprezível de seu reino.

duas vezes, com varas compridas de madeira de 8 metros, que a cada vez precisam ter seu alinhamento e horizontalidade cuidadosamente verificados (com esquadro e fio de prumo)!

Picard anuncia seu resultado: existem 57.060 toesas (aproximadamente 104 quilômetros) em um grau do meridiano (nós veremos a importância deste resultado para Newton). Essa medida é de uma precisão notável: cerca de 0,1%. Quase um século depois, em 1756, Lacaille obterá um resultado apenas três vezes melhor: 0,03%.

O Observatório precisa de um diretor experiente: Colbert manda vir da Itália Jean-Dominique Cassini

Quando Colbert o convidou, em 1669, Cassini ocupava já havia 15 anos a cátedra de professor da Universidade de Bolonha. Era muito experiente em todos os campos da astronomia, e suas tabelas dos movimentos dos satélites de Júpiter, publicadas em 1668, são as melhores tratando desse tema — algo que é muito importante, uma vez que, na época, era o único meio de determinar com precisão as longitudes.

A dinastia dos Cassini dirigiu o Observatório a partir da chegada, em 1669, de Jean-Dominique, dito Cassini I, vindo de Bolonha a convite de Colbert, até a demissão, em 1793, de Cassini IV. Mas os três últimos (Jacques, Cassini de Thury e Cassini IV) se consagraram sobretudo à geodesia e ao levantamento do mapa da França. Em matéria de astronomia, os trabalhos dos três reunidos ficam longe de ter o mesmo valor dos trabalhos do fundador da linhagem: além de suas múltiplas descobertas sobre Saturno (quatro satélites e a divisão dos anéis) e sua medição do sistema solar com Richer, ele levantou um grande mapa da Lua, tentou medir a rotação de Vênus e aperfeiçoou sem cessar suas tabelas dos satélites de Júpiter.

Se acrescentarmos a isso a supervisão da construção e do equipamento do Observatório, sua direção científica e administrativa, e a formação de toda uma geração de astrônomos, constataremos, mais uma vez, que Colbert teve uma sorte enorme ao trazer de Bolonha para Paris aquele que se tornaria Cassini I...

A partir de 1671, antes mesmo que o prédio do Observatório estivesse terminado, Cassini se instala nele com um material excelente — as objetivas italianas ainda não têm rivais — e não demora a inaugurar a lista de feitos notáveis da instituição ao descobrir, no mesmo ano, um novo satélite de Saturno, Jápeto (ele identificou Réia em 1672, depois Tétis e Dione, 12 anos mais tarde, em 1684). Foi ele igualmente quem descobriu a divisão dos anéis de Saturno, e, sobretudo, nós o veremos brevemente dividir com Richer a primeira medição das dimensões do sistema solar.

Antes disso, porém, suas tabclas dos satélites de Júpiter serão úteis a Picard para uma missão na Dinamarca.

Picard vai visitar as ruínas do observatório de Tycho Brahe, em uma ilha dinamarquesa, para determinar exatamente sua posição

É ele próprio quem expõe, como veremos a seguir, já em 1669, os objetivos astronômicos que tornam necessário o envio dessa missão: "...para comparar as experiências feitas aqui com as de Tycho Brahe, e pôr o meridiano de Paris como substituto, no mesmo local e na mesma posição que ocupava o de Uraniborg, é necessário saber exatamente a diferença de longitude entre esses dois meridianos, e para isso seria necessário ter as determinações dos satélites de Júpiter feitas correspondentemente entre esses dois lugares. Seria mesmo muito útil que tivéssemos calculado de novo a altura do pólo do local onde ficava Uraniborg tanto para comparar nossos instrumentos com os de Tycho quanto para ver em que medida devemos ter fé em suas observações..."

Em 1572, Tycho tinha 26 anos e tornou-se célebre ao descobrir a primeira "nova" dos tempos modernos. Em 1577, o rei da Dinamarca lhe deu a ilha de Hveen, onde ele construiu seu Observatório de Uraniborg ("a aldeia do céu"). Mas, depois da morte do rei, Tycho se desentendeu com seus sucessores e teve que se exilar em Praga. Seu observatório foi arruinado pelas intempéries, os pescadores da ilha se apropriaram de materiais...

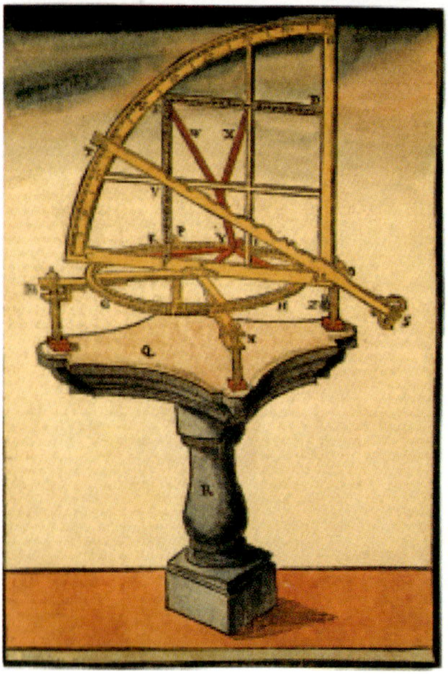

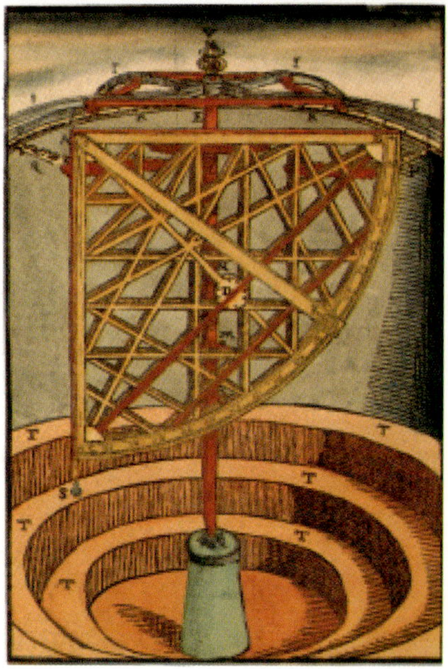

Em Praga, Tycho Brahe torna-se "matemático" do imperador, e por ocasião de sua morte, em 1601, seu assistente, Kepler, o sucede. De acordo com Kepler, que jamais escondeu sua admiração pelas qualidades de observador de Tycho, este "pensava em segundos de arco"... Ora, ele morreu dez anos antes que Galileu construísse sua luneta, e seus instrumentos eram desprovidos de óptica. Para que as observações fossem precisas, era necessário que os instrumentos fossem muito grandes, como o "quarto de círculo" representado em seu observatório na gravura da esquerda. Esses grandes instrumentos (Tycho construiu um de 6 metros de raio!) eram fixos, dentro do plano do meridiano. Eles serviam para medir a altura dos astros quando passavam pelo meridiano. Ora, sobre um círculo de 6 metros de raio, um minuto de arco ocupa 2 mm... Depois da construção do primeiro telescópio, instrumentos menores, móveis, poderão ter a mesma precisão: "quadrantes" (quartos de círculo), "sextantes" (sextos de círculo) e meias esferas vão se multiplicar.

Levada em consideração a importância das observações de Tycho — base sobre a qual repousam as leis de Kepler —, é muito interessante, de fato, poder juntá-las com as que serão feitas em Paris, de maneira a comparar as posições registradas com um intervalo de quase um século.

Quanto aos eclipses dos satélites de Júpiter, eles aqui desempenham o papel do "tom de mil ciclos" para o rádio: visíveis no mesmo instante em Paris e na Dinamarca, os eclipses permitem comparar as horas locais dos dois lugares, isto é, determinar a diferença entre suas longitudes. Para observar com precisão esses eclipses, Picard levou consigo três lunetas de micrômetro, além dos instrumentos que utilizou para medir o meridiano. Ele partiu para a Dinamarca em julho de 1671.

Do observatório abandonado por Tycho em 1597, nada mais restava exceto as fundações. Picard conseguiu, entretanto, reconstituir o posicionamento dos instrumentos e desincumbir-se bem de sua missão com a ajuda de um jovem astrônomo dinamarquês, Olaus Roemer. Impressionado com a competência do rapaz, Picard o levou para Paris, conseguindo-lhe o posto de professor de astronomia do delfim, e o fez entrar para a Academia.

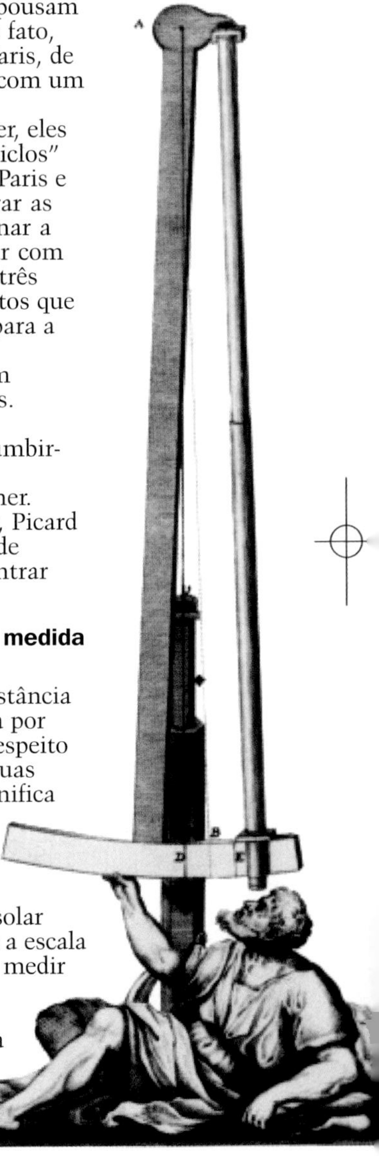

Os astrônomos do Observatório utilizam a medida da Terra para efetuar a medição do Sol

Até esse momento, efetivamente, a única distância astronômica conhecida era a da Lua (medida por Aristarco, no século III a.C....). No que diz respeito às órbitas dos planetas, se conheciam bem suas formas e suas dimensões relativas, o que significa que era possível comparar a cada instante, por exemplo, a distância Terra-Sol e a distância Terra-Marte, mas não se conhecia nem uma nem outra.

Em resumo, sabia-se desenhar o sistema solar com as proporções corretas, mas ignorava-se a escala do desenho. Para conhecê-la, seria suficiente medir uma distância qualquer, e imediatamente seriam deduzas todas as outras.

Portanto, era necessário medir a distância entre a Terra e um outro planeta — o mais próximo possível. Ora, a cada 15 ou 16 anos, Marte se aproxima da Terra até aproximadamente um terço da distância Terra-Sol... Isso deveria acontecer em 1672: como aproveitar a ocasião?

Para avaliar em um dado momento a distância Terra-Marte, é preciso observar o planeta simultaneamente a partir de dois pontos muito distanciados da superfície terrestre, e fazer a marcação (com relação às estrelas) do ângulo entre essas duas direções de visada. Agora já se sabe que, nas melhores condições, esse ângulo será muito inferior a um minuto de arco: as medidas devem, portanto, ser de uma extrema precisão, e é necessário, em todo caso, escolher dois pontos de observação muito distantes um do outro.

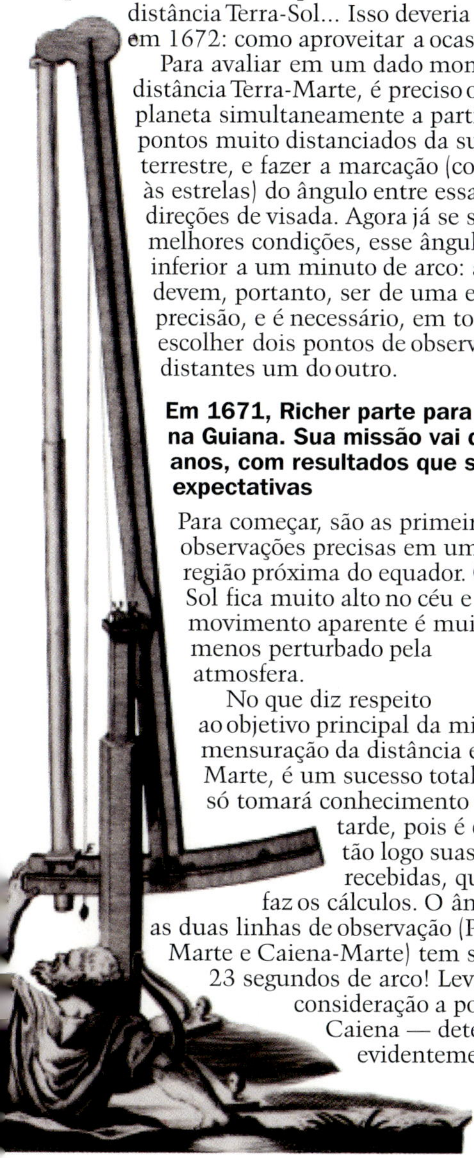

Os dois principais instrumentos de Picard: um quarto de círculo (que pode ser vertical ou horizontal) para fazer a observação dos pontos de referência e um setor de pequeno ângulo, mas de grande raio, para apontar com precisão as estrelas com relação à vertical do lugar (materializada por um fio de prumo).

Em 1671, Richer parte para Caiena, na Guiana. Sua missão vai durar dois anos, com resultados que superarão as expectativas

Para começar, são as primeiras observações precisas em uma região próxima do equador. O Sol fica muito alto no céu e seu movimento aparente é muito menos perturbado pela atmosfera.

No que diz respeito ao objetivo principal da missão, a mensuração da distância entre Terra-Marte, é um sucesso total. Richer só tomará conhecimento dele mais tarde, pois é em Paris, tão logo suas cartas são recebidas, que Cassini faz os cálculos. O ângulo entre as duas linhas de observação (Paris-Marte e Caiena-Marte) tem somente 23 segundos de arco! Levada em consideração a posição de Caiena — determinada, evidentemente, por Richer com toda a precisão que se poderia desejar —, isso atribui à distância Terra-Marte naquele momento (em unidades modernas...) um total de pouco menos de 50 milhões de quilômetros. Ora, essa distância equivale a três oitavos da distância que separa a Terra do Sol: agora se conhecem as dimensões exatas do sistema solar!

Neste mapa, o norte está embaixo: o leitor vê a Terra diante de si como se estivesse chegando a ela para aportar...

A distância entre o Sol e a Terra é de cerca de 150 milhões de quilômetros em média, ou seja, vinte vezes mais que se supunha até então! E o cálculo é excelente em termos de precisão: menos de 2% de erro em relação às medições mais modernas. Em conseqüência disso, o sucesso é total. Mas ainda há algo mais e melhor: Richer descobriu algo inesperado... Ao fazer a regulagem dos relógios (através de observações astronômicas), constatou que o mesmo pêndulo batia mais lentamente em Caiena do que em Paris!

OBSERVATIONS ASTRONOMIQUES ET PHYSIQUES FAITES EN L'ISLE DE CAÏENNE.

Esta descoberta, confirmada em 1682 por uma missão enviada por Cassini às ilhas de Cabo Verde e às Antilhas, desempenhará um papel muito importante nas discussões que serão levantadas pela teoria da gravitação.

Antes disso, contudo, as medições de Richer terão uma "conseqüência" inesperada.

Richer passa cerca de dois anos em Caiena com um material farto, de boa qualidade e uma boa equipe: a massa de resultados que ele recolhe em todos os diversos domínios é considerável.

Graças ao conhecimento da distância Sol-Terra, Roemer consegue medir, pela primeira vez, a velocidade da luz

Nessa época, ainda não se tinha certeza de que a luz tivesse uma velocidade finita — um "deslocamento sucessivo", como se diz hoje em dia. Será que seu deslocamento é instantâneo? Em todo caso, se Galileu não conseguiu dizer isso claramente, suas medidas com lanternas de postigo ao menos demonstraram que, se essa velocidade é finita, ela é obrigatoriamente muito alta. Para ter esperanças de calculá-la, é necessário, portanto, saber medir os intervalos de tempo extremamente breves, estudar seu deslocamento sobre distâncias extremamente grandes — isto é, astronômicas.

Nomeado por Picard para um cargo no Observatório, Roemer dedica-se a estudar as famosas tabelas dos satélites de Júpiter. Ora, essas tabelas revelam uma irregularidade periódica de seus eclipses pelo planeta. Estes, evidentemente, ocorrem em intervalos regulares, e, no entanto, os momentos em que podem ser observados "se adiantam" durante seis meses e "se retardam" durante os seis outros, a diferença máxima em cada seis meses de intervalo perfazendo 16 minutos.

Nascido em 1644 em Aarhus (Dinamarca), Olaus Roemer tornou-se assistente do professor encarregado de editar os cadernos de observações deixados por Tycho. É natural, portanto, que dê assistência a Picard por ocasião da missão deste último nas ruínas de Uraniborg. Levado a Paris por Picard, trabalha dez anos com ele, aperfeiçoando de maneira notável vários instrumentos. Uma vez de volta à sua terra natal, ele faz a regulagem precisa de vários instrumentos, em particular de uma luneta meridiana, na qual se inspiraram numerosos instrumentos modernos.

Roemer então se dá conta de que o instante anotado em cada observação não é verdadeiramente o momento em que ocorreu o eclipse, e sim aquele em que se pode vê-lo da Terra. Se a luz leva um certo tempo para vir de Júpiter até a Terra, existe uma defasagem entre esses dois instantes, defasagem que varia de acordo com a distância entre Júpiter e a Terra. Quando os dois planetas estão do mesmo lado do Sol, a luz tem uma distância menor a percorrer entre eles do que quando os planetas estão um de cada lado do Sol. Uma distância mais curta de quanto? Um diâmetro da órbita da Terra. Esse diâmetro, Richer já mediu: tem 300 milhões de quilômetros. Se ele causa uma defasagem de 16 minutos, ou seja, cerca de mil segundos, isto significa que a luz percorre 300 mil quilômetros por segundo.

Na verdade, em conseqüência de uma série de diferentes inexatidões, Roemer chega a um resultado de 200 mil. Pouco importa: a ordem de grandeza está correta, e, sobretudo, agora está firmemente estabelecido que a luz tem "um movimento sucessivo".

Retrospectivamente, não é surpreendente que Galileu, com suas lanternas, não tenha conseguido esclarecer a questão: em uma distância de uma dezena de quilômetros, o tempo que ele tentava medir era da ordem de algumas centenas de milésimos de segundo!

Mas, no fundo, foi de qualquer forma um pouco graças a ele que a medição pôde ser feita: aqueles famosos satélites de Júpiter, foi ele quem os descobriu, e também quem começou a registrar os eclipses.

Roemer anuncia seu resultado em 1675. Mal faz oito anos que os "senhores acadêmicos" traçaram o meridiano sobre o terreno vago conhecido pelo nome de "Grand Regard"... Os astrônomos parisienses realmente não perderam tempo!

"Ao mesmo tempo, faço uma breve pausa para vos explicar a invenção de um novo tipo de telescópio pelo senhor Isaac Newton, professor de matemática em Cambridge. Tudo o que vos direi no presente momento é que, por meio do primeiro teste, durante o qual aqui foi visto e examinado, parece um telescópio de cerca de seis polegadas..." Foi assim que, em janeiro de 1672, o secretário da Sociedade Real de Londres deu conhecimento a Huyghens da existência de Newton.

CAPÍTULO 3

DO TELESCÓPIO À GRAVITAÇÃO

Depois da Guerra Civil, da Grande Peste e do incêndio que destruiu metade de suas casas antigas, Londres renasce, literalmente, de suas cinzas, a partir de 1667.

Huyghens é sem dúvida o mais célebre dos correspondentes do secretário da Sociedade Real de Londres, Henry Oldenburg, mas está longe de ser o único: um dos principais deveres de seu cargo é manter uma correspondência regular com várias dezenas de sábios de todos os países.

Isto é, aliás, uma tradição que brevemente desaparecerá, primeiro porque o número de sábios aumenta rapidamente, mas também porque as primeiras revistas científicas começaram a ser publicadas: as *Philosophical Transactions of the Royal Society*, em 1664, e o *Journal des Sçavans*, em 1665.

PHILOSOPHICAL
TRANSACTIONS:
GIVING SOME
ACCOMPT
OF THE PRESENT
Undertakings, Studies, and Labours
OF THE
INGENIOUS
IN MANY
CONSIDERABLE PARTS
OF THE
WORLD.

Vol I.
For Anno 1665, and 1666.

In the SAVOY,
Printed by T. N. for John Martyn at the Bell, a little without Temple-Bar, and James Allestry in Duck-Lane,
Printers to the Royal Society.

Aliás, é o próprio Oldenburg quem dirigirá a publicação das *Philosophical Transactions* do número 1 (que foi publicado em 1664) ao número 136 (junho de 1677)... Mas, a despeito das

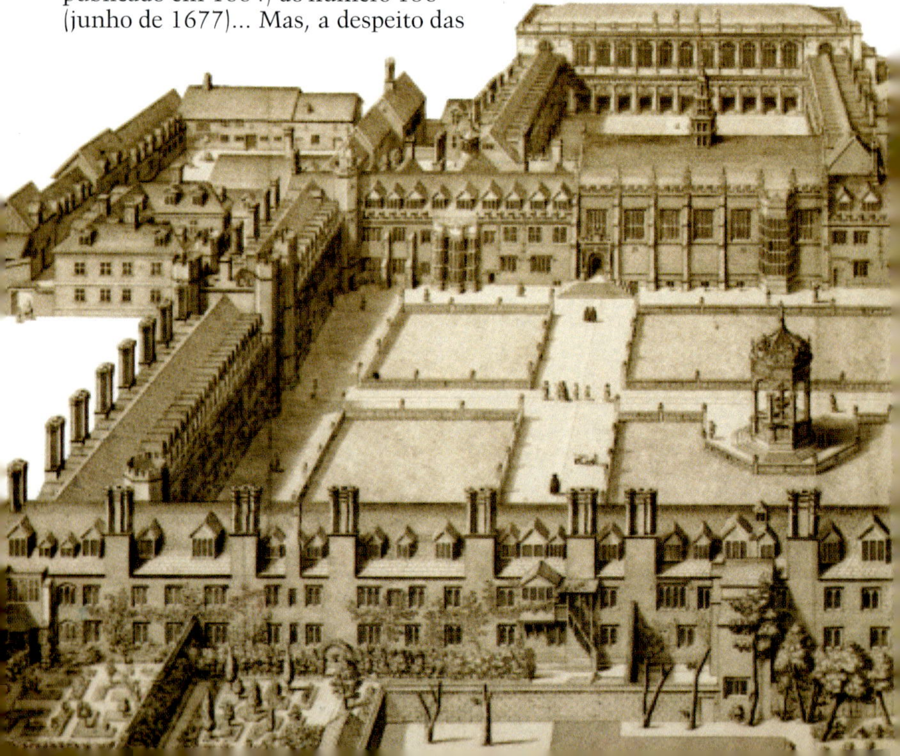

publicações, a correspondência pessoal ainda permanecerá importante por muito tempo.

Além disso, a correspondência e as publicações não têm somente como único objetivo informar o grande público: elas servem também para "homologar" uma descoberta, para oficializá-la, para de algum modo tornar pública a paternidade. Assim, o telescópio, anunciado em 1671 a Huyghens, será descrito algumas semanas depois, e em latim, nas *Philosophical Transactions*. Nessa ocasião, faz pouco mais de um ano que Newton o submeteu ao exame da Sociedade Real de Londres: no fim de 1669, depois de ter sido nomeado professor em Cambridge.

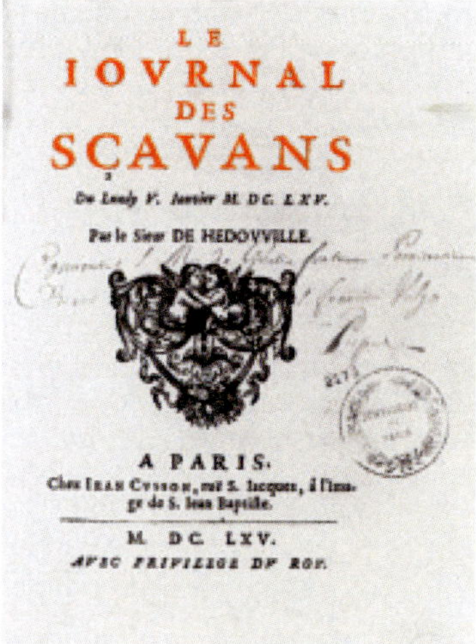

As revistas científicas nascem quase na mesma data em Londres e em Paris: as *Philosophical Transactions* chegam apenas alguns meses à frente do *Journal des Sçavans*.

A universidade de Cambridge em 1690 — e do mesmo modo em 1990 — parece uma agregação de vários conventos, sobre a qual se teria enxertado uma série de pensões de família opulentas, mas austeras. Todo o conjunto de prédios é cercado de jardins e gramados que descem suavemente até o rio Cam.

No outono de 1669, um importante professor de matemática de Cambridge pede aposentadoria e indica Newton para substituí-lo

Newton tinha então apenas 27 anos. E é a seus trabalhos sobre cálculo que se deve essa recomendação. Na verdade, ele ainda não falou a ninguém sobre sua teoria das cores — e menos ainda da gravitação...

Mas, um pouco por toda a Europa, os progressos do estudo dos movimentos incitam os matemáticos a inventar novos métodos para calcular, por exemplo, o comprimento dos arcos de curva. Ora, Newton já estava bem adiantado em seu estudo de um método desse tipo, um estudo absolutamente geral, e fez circular em Cambridge várias cópias de seu trabalho a respeito desse tema. O professor Barrow admirou muito esse trabalho e, quando deixou o posto, sua recomendação bastou para que Newton fosse nomeado para substituí-lo no cargo.

Eis então Newton estabelecido, tendo recebido uma função oficial. Será que finalmente ele vai publicar sua teoria das cores? Ainda não... Parece que Newton fala a respeito dela para seus alunos, no âmbito de seus cursos, mas ainda não está pronto para apresentá-la à comunidade científica. Primeiro quer ser reconhecido por esta devido a uma descoberta — ou, melhor ainda, uma invenção — que "fale por si só", sem dar lugar a qualquer contradição: tão logo é nomeado em Cambridge, ele apresenta seu telescópio à Sociedade Real de Londres.

Se Newton construiu o primeiro telescópio, foi porque estava persuadido — erroneamente — de que sua teoria das cores condenaria a luneta astronômica

Ele demonstrou, efetivamente, que a luz "branca" era uma mistura de luzes coloridas, que o prisma desviava de maneiras diferentes. Mas isso não é verdade somente para o prisma. Também ocorre a cada vez que a luz atravessar a superfície de um pedaço de vidro — uma lente em particular: a objetiva de uma luneta sempre mostrará imagens irisadas. De fato, brevemente se encontrará uma maneira, senão de anular este defeito, pelo menos de torná-lo desprezível, associando-se duas lentes de vidros diferentes. Mas Newton, convencido de que isso seria impossível, buscou uma solução radical: nada de lente! O telescópio deveria substituir a luneta, pois seu espelho não tem o risco de dispersar as cores da luz.

O problema, com o telescópio, é que a imagem se forma diante do espelho. O ideal para observá-la seria pôr a cabeça na frente do tubo, mas então se impediria a luz de entrar... É necessário, portanto, encontrar meios para tirar a imagem do tubo, e é nisso que os modelos diferem. Gregory e Cassegrain são os primeiros a propor

Este telescópio do século XVIII, do mesmo tipo que o de Cassegrain, tem a mesma capacidade de aproximação que a monstruosa luneta de Hevelius (1670), mas é ao mesmo tempo mais luminoso, mais estável e mais fácil de manejar. A capacidade de aproximação, aliás, não é o único motivo desse gigantismo: quanto mais longa é a luneta, em relação a seu diâmetro, menos incômodas são as aberrações e, em particular, a irisação das imagens, sem remédio em 1670, uma vez que não existiam ainda nem telescópio nem lentes acromáticas.

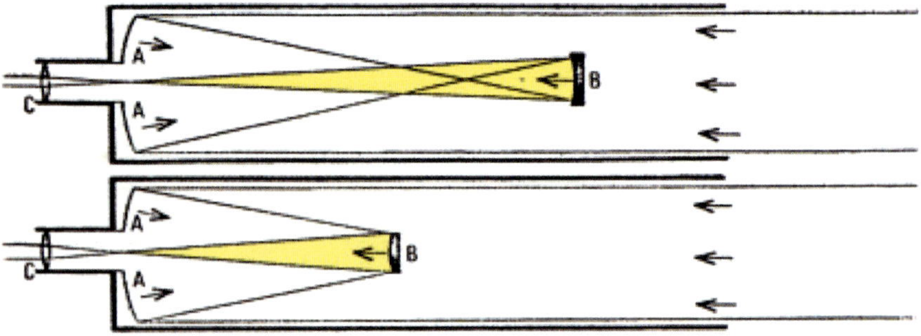

que se perfure o grande espelho em seu centro para fazer com que o feixe saia em direção à parte de trás por meio de um pequeno espelho colocado dentro do tubo. Mas esse pequeno espelho deveria ser elíptico para o modelo de Gregory, hiperbólico para o de Cassegrain: na época era absolutamente impossível produzi-los.

Newton teve a idéia de enviar o feixe de raio de volta não em direção à parte de trás, mas sobre a lateral do tubo. Para isto, basta um pequeno espelho colocado sobre o eixo do tubo, com uma inclinação de 45 graus. Esse telescópio tornou-se factível: nos dias de hoje, se os grandes telescópios profissionais são do mesmo modelo do de Cassegrain, a maioria dos telescópios de amadores — sobretudo se eles próprios os construíram — são do mesmo modelo do de Newton.

Evidentemente, ainda existem enormes dificuldades. Para começar, os espelhos são de metal, e o metal é mal polido e embaça rapidamente. Em seguida, o grande espelho deveria ser parabólico, e não se sabe fazê-lo senão esférico. A diferença não é grande, mas é suficiente para tornar as imagens pouco nítidas.

Newton conseguiu mesmo assim construir seu instrumento, um telescópio bem pequeno, com apenas 20 centímetros de comprimento. É justamente esta compacidade que será seu grande atrativo: as imagens são "nove vezes maiores que com uma luneta quatro vezes mais comprida"!

Depois que sua descrição foi publicada pela Sociedade Real de Londres — em latim, para dar à publicação um caráter internacional —, o telescópio

Os telescópios de Gregory (no alto) e de Cassegrain (embaixo) na época só existiam no papel: seus pequenos espelhos curvos eram difíceis demais de executar. O que seduziu inicialmente os contemporâneos de Newton foi a compacidade de seu instrumento. E não se trata apenas de comodidade: quanto mais o instrumento é compacto, mais fácil é impedi-lo de vibrar. Ora, uma armação oscilante destrói a tal ponto as imagens que uma boa estabilidade é uma qualidade mais importante que uma capacidade de aproximação elevada. Enfim, o tamanho muito pequeno do instrumento permite assegurar seus deslocamentos em todas as direções de uma maneira muito elegante, por meio de uma esfera pousada sobre uma copela e segura por dois suportes de metal.

de Newton daria muito o que falar em toda a Europa. Oldenburg, que recebe a correspondência da Sociedade Real de Londres, não cessará de transmitir a Newton os comentários e as perguntas de Huyghens, Auzout, Flamsteed, Hevelius, Gregory... e de transmitir a estes as respostas de Newton: de um dia para o outro, Newton tornou-se célebre.

A regulagem do telescópio não se fazia deslocando a ocular, e sim a objetiva e toda a parte posterior do tubo, por meio de um parafuso situado na parte de trás.

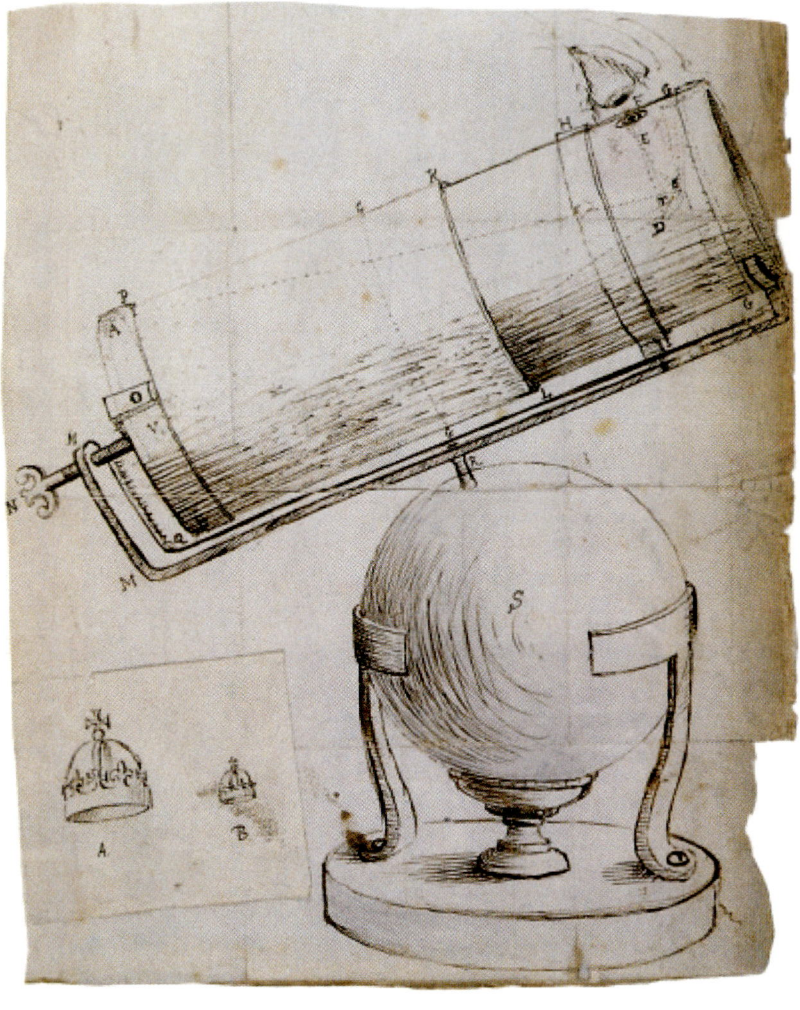

E, no dia 11 de janeiro de 1672, Newton foi eleito *fellow* da Sociedade Real de Londres, durante a reunião em que esta tomou conhecimento dos detalhes da medição da Terra por Picard.

Newton não hesita mais: no mês de fevereiro de 1672, ele finalmente publica sua teoria das cores

Ele o faz, bem entendido, numa longa carta endereçada a Oldenburg, que será publicada no número seguinte das *Philosophical Transactions*. É essa carta que começa com um relato da compra de um prisma e do buraco no postigo... Em seguida, ele descreve em detalhe a "experiência crucial", demonstra a necessidade do telescópio e cita numerosas experiências provando a correção de sua teoria, experiências que todos poderão repetir à vontade.

Oldenburg recebe essa carta na mesma manhã de uma reunião pública da Sociedade Real de Londres. A reunião se passa dedicada quase unicamente à leitura e aos comentários da carta de Newton. A assembléia aplaude longamente e vota pela publicação imediata, depois que três membros, escolhidos para este fim, tiverem repetido as experiências descritas por Newton.

Dentre esses três membros estão, evidentemente, os dois principais físicos da Sociedade Real de Londres, Boyle e Hooke. Este último já publicou um esboço de teoria ondulatória da luz. Em sua carta, Newton sublinha claramente que sua teoria das cores não se apóia de maneira alguma em qualquer modelo particular da natureza da luz — ondulatória ou corpuscular —, mas, ao mesmo tempo, ele indica sua preferência pela segunda hipótese... De modo que Hooke, embora reconhecendo o imenso interesse das experiências de Newton, se recusa a admitir a interpretação que este dá a elas. Ele termina seu relatório dizendo que não desejaria nada mais que se deixar convencer, se Newton apresentasse um argumento decisivo e que, de toda maneira, o problema das cores é dos mais interessantes que existem...

Entre 1667 e 1672, Newton continua suas pesquisas sobre as cores e acumula os argumentos a favor de sua teoria, que levantará algumas reticências, mas não sérias contradições.

Wilhelm Leibniz (1646-1716) era filósofo, teólogo, historiador e jurista, mas também — e, talvez, sobretudo — matemático. Em particular, ao mesmo tempo que Newton, ele concebeu o cálculo diferencial, e sob uma forma que teria um futuro mais grandioso que aquela utilizada pelo sábio inglês.

O que Newton temia, a oposição de um membro eminente da comunidade científica, não se fez esperar...

As coisas teriam talvez podido se acomodar, mas Oldenburg tem uma birra contra Hooke, e não resiste à tentação de jogar mais um pouco de lenha na fogueira. Newton responde a Hooke em um tom que prima pela arrogância, e isto é o fim! Os dois homens dali por diante serão adversários irreconciliáveis. Isso não é, evidentemente, feito para incitar Newton a publicar suas idéias sobre a gravitação. Ele próprio jura, como o corvo na fábula, que nunca mais o

pegarão em outra arapuca como aquela, e que nunca mais publicará mais nada... Newton se isola em sua fortaleza da Trinity College, em Cambridge, e praticamente não a deixará mais. Mas sua reputação é tamanha que exatamente esse exílio causa comentários curiosos: que maravilha matemática estará Newton elaborando em silêncio?

Podemos adivinhar o tema graças a uma controvérsia — sempre através de cartas para Oldenburg — com o grande matemático alemão Leibniz: os dois homens constroem o cálculo diferencial, mas de duas maneira diferentes...

Ao mesmo tempo, Newton aceita ainda discutir as virtudes do telescópio, em particular com Huyghens. Este trabalha, contudo, da mesma forma que Hooke, em uma teoria ondulatória da luz. Inclusive, está certamente mais adiantado que o físico inglês. Ora, devidamente informado por

O observatório de Greenwich domina o estuário do Tâmisa. Sem concorrer realmente com o observatório de Paris no plano astronômico, ele acabará por suplantá-lo no que diz respeito à navegação: é o meridiano de Greenwich (G.M.T. : Greenwich Median Time) que serve de referência mundial.

Oldenburg, desde o mês de março, da teoria das cores de Newton, Huyghens... faz ouvidos moucos, e sua resposta fala somente sobre o telescópio.

Dessa maneira, os dois homens permanecem em termos bastantes cordiais. Em 1673, Huyghens envia a Newton seu tratado sobre a mecânica do pêndulo, o *Orologium osiellatorium*, e Newton, agradecendo-lhe, se propõe a dar-lhe conhecimento do estado de seu trabalho sobre os arcos de curva.

Essa resposta de Newton terá, dez anos mais tarde, uma conseqüência inesperada, e de uma importância considerável: foi ela, indiretamente, que deu origem às relações entre Newton e o único sábio que seria capaz de lhe inspirar confiança, que o convencerá finalmente a publicar sua teoria da gravitação e que dirigirá ele próprio, fielmente, esta publicação: Edmond Halley.

John Flamsteed (1646-1719). Foi ele quem pressionou o rei Charles II a fundar o Observatório de Greenwich (1676), do qual se tornaria diretor. Além de numerosos trabalhos de instrumentação, e uma contribuição importante para a cartografia (a projeção de Flamsteed), é conhecido sobretudo por seu catálogo de estrelas, o primeiro de astronomia moderna listando perto de 3 mil estrelas.

Astrônomo profissional, grande viajante, sociável e transbordante de atividade, Halley é tão diferente quanto possível do solitário Newton

Quatorze anos mais moço (ele nasceu em 1656), Halley teve uma carreira ainda mais rápida que a de Newton, mas por uma via puramente astrônomica.

É preciso dizer que a época se prestava a isso: em 1675, como Luís XIV oito anos antes e certamente para não ficar para trás, o rei da Inglaterra funda o observatório de Greenwich, e nomeia "astrônomo real" John Flamsteed, que dá início à elaboração de um catálogo de estrelas.

Em 1676, Halley, apaixonado pela astronomia e incentivado por um pai rico e culto, aos 20 anos interrompe seus estudos em Oxford para passar dois anos em Santa Helena. Ele quer levantar e elaborar um catálogo das estrelas do hemisfério Sul, ainda muito mal conhecidas, que virá afortunadamente completar o de Flamsteed.

Além disso, como Richer em Caiena, quatro anos antes, Halley constatou que o pêndulo bate mais lentamente em Santa Helena do que na Europa... De volta à Inglaterra, em 1678, ele é aprovado em seus exames e não tarda a ser eleito para a Sociedade Real de Londres. Tinha 22 anos...

Sua juventude não o impede de ser enviado para Dantzig, para a casa de Hevelius, para tentar pacificar uma querela que este tem com Hooke. Em 1680 e em 1681, ele viaja para a França e para a Itália, mantém encontros com Cassini e os outros astrônomos

A Universidade de Oxford continua sendo no campo, e a torre da Magdalen College ainda se eleva em meio às árvores. As vacas, contudo, se afastaram um pouco...

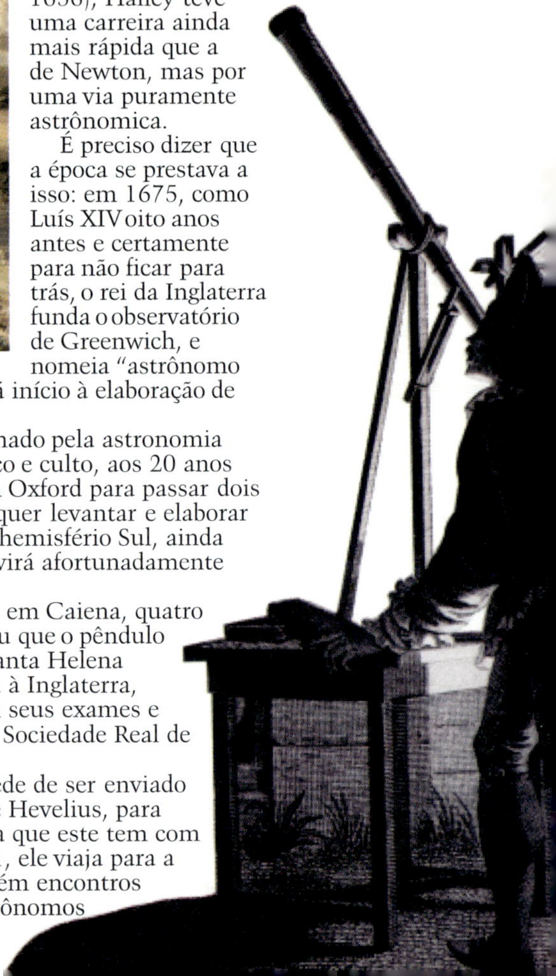

do Observatório e compara suas observações do cometa de 1680 com as deles. Pois a era dos cometas havia começado...

Em 1680, depois em 1682, dois cometas espetaculares vêm agitar os círculos astronômicos

Eles apresentam de uma maneira urgente o problema da mecânica do céu, já levantado pelo cometa de 1664. Há vários cometas a cada ano, mas a maioria deles é imperceptível, exceto com instrumentos aperfeiçoados. Além disso, podem se passar anos sem que um cometa brilhante apareça. No século XVII, não apareceu nenhum entre 1618 e 1664 — mas aquele valia a pena esperar... Brilhantemente visível a olho nu durante seis semanas, o cometa permaneceu vários meses ao alcance de instrumentos, no entanto ainda rudimentares.

Todos os astrônomos da Europa o seguiram noite após noite: Auzout na França, Cassini em Roma, Huyghens na Holanda, Hevelius em Dantzig e Hooke na Inglaterra. Mesmo o jovem Newton falava a seu respeito em seus cadernos de anotações de estudante.

Uma das perguntas que todo mundo fazia a si mesmo era qual seria a trajetória dos cometas. Descreverão eles círculos, como acreditava Tycho Brahe? Linhas retas, como era a opinião de Kepler, para quem a curvatura de sua trajetória era apenas aparente, e causada pelo movimento da Terra ao redor do Sol?

O cometa de 1664 vai, ao mesmo tempo, responder a esta pergunta e formular outras, ainda mais importantes. Para começar, é evidente que

O problema do cartógrafo estelar é que ele deve passar sem cessar da contemplação do céu noturno para a de sua folha de papel, e que, se esta estiver bem iluminada, em seguida serão necessários a seus olhos vários minutos para se readaptarem à luz fraca das estrelas. A solução consiste em iluminar a folha o mínimo possível, e com luz vermelha, menos prejudicial sob este ponto de vista: que existe de melhor para isso que um fogareiro cheio de carvões vermelhos em brasas? Esse sistema tem a vantagem complementar de oferecer um calor agradável, muito gostoso durante as primeiras horas depois da meia-noite...

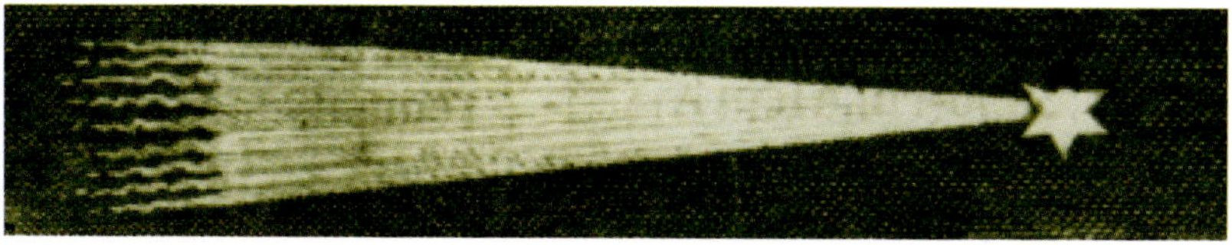

sua trajetória é realmente curva. Hevelius sugere que poderia ser um arco de elipse... Por outro lado, imagina-se pela primeira vez que essa trajetória pudesse ser fechada, ou seja, que o mesmo cometa pudesse voltar a passar em intervalos regulares.

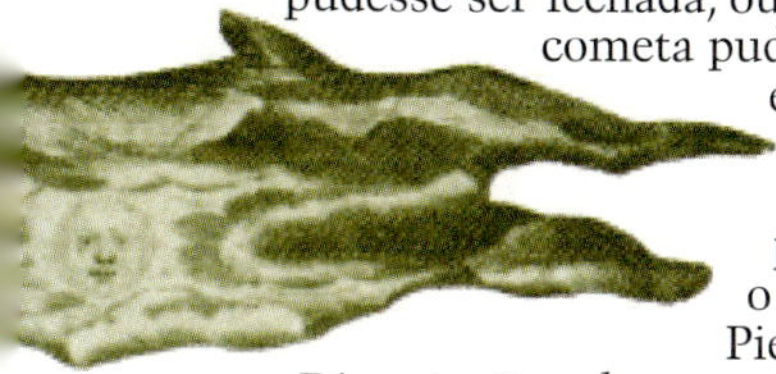

O primeiro a publicar essa idéia foi o astrônomo francês Pierre Petit, em sua *Dissertação sobre a natureza dos cometas* (1665). Ele sugere que o cometa de 1664 poderia muito bem ser o mesmo que se viu em 1618. Hooke parece ter tido a mesma idéia, e tê-la exposto em março de 1665, por ocasião de uma conferência sobre o cometa. O papel histórico do cometa de 1664 não se encerra por aí. Foi ele sem dúvida que motivou e estimulou a criação do Observatório de Paris... De fato, ele atraiu a atenção de todos, até mesmo dos cortesãos: Petit dedicou sua *Dissertação* a Luís XIV, e foi nesse momento que Auzout pleiteou em favor da criação de um observatório.

Enfim, e talvez sobretudo, era um cometa "retrógrado", girando em torno do Sol no sentido inverso ao da grande valsa dos planetas e de seus satélites. Em outras palavras, apanhava na contracorrente os "turbilhões" de Descartes e levantava de forma manifesta o problema da causa dos movimentos celestes. O estudante Newton fala desse cometa em seus cadernos de anotações: talvez ele esteja, no mínimo tanto quanto a famosa maçã, na origem de suas reflexões daquele ano sobre a gravitação...

Em todo caso, se, quanto a isso, a pergunta ainda persiste em relação a Newton, ela não tem cabimento

Os cometas, ao longo de muito tempo, foram os anunciadores de catástrofes, e a eles se atribuía um aspecto assustador: de serpentes, de chamas, de espadas de fogo... Efetivamente, os homens nunca perderam o hábito de ver no céu um quadro-negro, onde os deuses lhes escreviam mensagens. Aparecendo subitamente, os cometas deviam ser mensagens muito urgentes, ou seja, o anúncio de uma catástrofe iminente. E, como era bastante raro que um ano se passasse sem uma estiagem, fome, inundação ou epidemia, a infelicidade prevista raramente se fazia esperar...

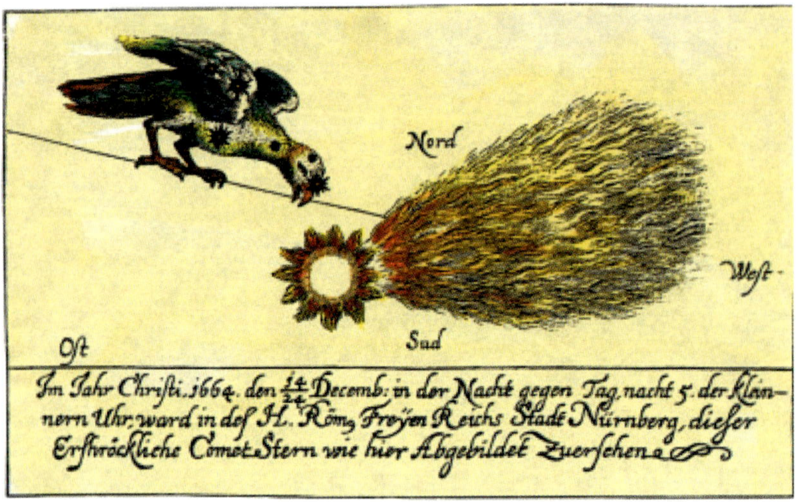

O aspecto do cometa em 1664, no dia 24 de dezembro, em Nuremberg.

em relação a dois homens que os cometas — com um intervalo de vinte anos — puseram na pista da atração universal: Hooke e Halley.

Hooke, refletindo sobre o cometa de 1664, e Halley, refletindo sobre o de 1680, pressentiram uma "atração universal". Mas não era a mesma...

Ainda que se dedique ao estudo de temas muito variados, como todos os sábios de sua época, Hooke era antes de qualquer coisa "mecanicista": a lei da física que ainda tem o seu nome trata da proporcionalidade entre as deformações elásticas de um corpo e as forças às quais ele está submetido. Talvez tenha sido por esse motivo que ele buscou, em dispositivos mecânicos, os modelos da atração que pressentia existir entre os corpos do sistema solar.

Ora, existe um dispositivo muito simples que permite descrever as elipses — como as órbitas dos planetas — em conseqüência de uma atração em direção ao centro: um simples pêndulo. Se o tirarmos de sua posição de equilíbrio e o largarmos, ele oscila em um arco de círculo para um lado e para o outro dessa posição de equilíbrio. Mas se, depois de o termos tirado de sua posição de equilíbrio, o impulsionarmos obliquamente em vez de o deixarmos ficar sem velocidade, ele descreve ao redor desse centro uma

Quatro cometas desenhados por Hevelius. Johannes Hevelius, cervejeiro e prefeito de Dantzig, era um apaixonado pela astronomia e compartilhava essa paixão com sua mulher. Devem-se a ele vários instrumentos e numerosas observações, em particular sobre o planeta Saturno e sobre os cometas.

curva quase elíptica, que pode até mesmo ser um círculo se o impulso de partida for bem calculado. Hooke estudou esse sistema, chegando até mesmo a trocar a respeito dele algumas cartas com Newton, que respondeu de maneira evasiva. Mas não é realmente um modelo satisfatório, porque o "centro de atração" — a posição de equilíbrio do pêndulo — está no centro da elipse em vez de nela ocupar um canto, como faz o Sol em relação às órbitas dos planetas. A despeito disso, Hooke se baseou nesse modelo para imaginar uma atração inversamente proporcional à distância: um corpo situado duas vezes mais longe é atraído com uma força duas vezes menor.

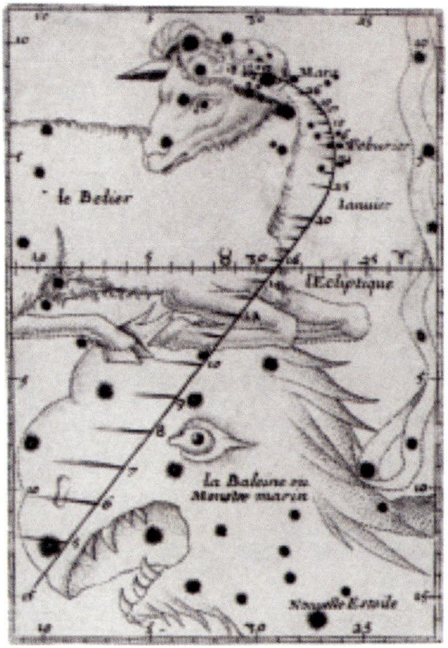

A trajetória aparente de um cometa na *Dissertação sobre a natureza dos cometas* de Pierre Petit (1665). As observações sucessivas permitem seguir dia a dia o deslocamento aparente do cometa em relação às constelações, do mesmo modo que o tamanho e a direção de sua cauda. Mas o essencial dessa trajetória é percorrido em alguns dias, e representa apenas uma porção ínfima da órbita, cuja forma em justas proporções é difícil de determinar.

Halley, vinte anos depois, e refletindo a propósito de outros planetas, formula do mesmo modo o problema da atração, mas na qualidade de astrônomo, a partir da terceira lei de Kepler. Esta constata uma relação entre as dimensões das órbitas dos planetas e o tempo que eles levam para percorrê-las (o cubo do diâmetro de suas órbitas é proporcional ao quadrado do tempo).

Ao admitir que essas órbitas são círculos — algo que não é um erro demasiado grande —, Halley mostra que essa lei corresponde perfeitamente a uma atração do Sol sobre os planetas, atração inversamente proporcional ao quadrado da distância: um corpo situado a uma distância duas vezes maior seria atraído por uma força quatro vezes menor, um corpo situado a uma distância três vezes maior seria atraído por uma força nove vezes menor, e assim por diante.

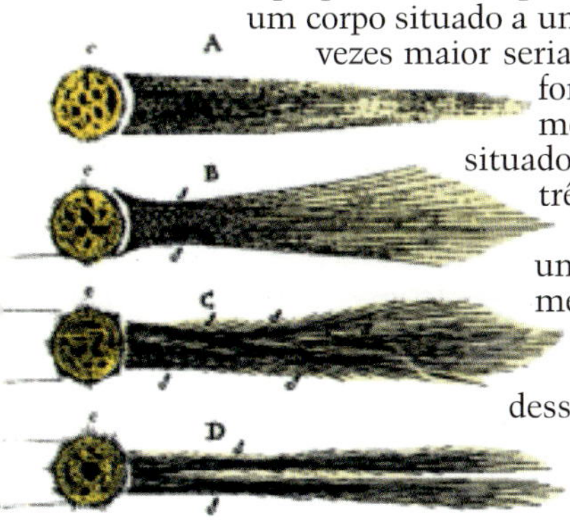

Uma atração dessa ordem seria capaz de explicar a mais importante

das leis de Kepler, aquela que atribui aos planetas órbitas elípticas? Halley tenta demonstrar isso e não consegue, fala a respeito do assunto com Hooke e outros colegas, que tampouco conseguem lhe dar maiores esclarecimentos.

O cometa de 1680, em Nuremberg: o artista se permitiu ser arrebatado pela emoção...

Finalmente, em agosto de 1684, Halley decide endereçar a pergunta àquele que é tido como a pessoa que sabe mais do que ninguém tudo o que diz respeito às curvas e às suas propriedades, Issac Newton...

Por mais luminoso e fulgurante que pudesse ter sido o cometa, jamais teria podido iluminar assim a paisagem.

No mês de agosto do ano de 1684, Halley vai até Cambridge para sumbeter a Newton um problema que não consegue solucionar, e que deixa perplexos os outros membros da Sociedade Real de Londres. Newton então mostra a ele uma solução completa para esse problema, redigida vários anos antes. Não resta mais nenhuma dúvida: todos os movimentos do sistema solar podem ser explicados por uma única lei, a lei da gravidade. Agora falta apenas convencer Newton a publicá-la.

CAPÍTULO 4

A ATRAÇÃO UNIVERSAL, FINALMENTE!

Com os *Principia*, são resultados de vinte anos de trabalho que Newton vai publicar, em todos os domínios da mecânica.

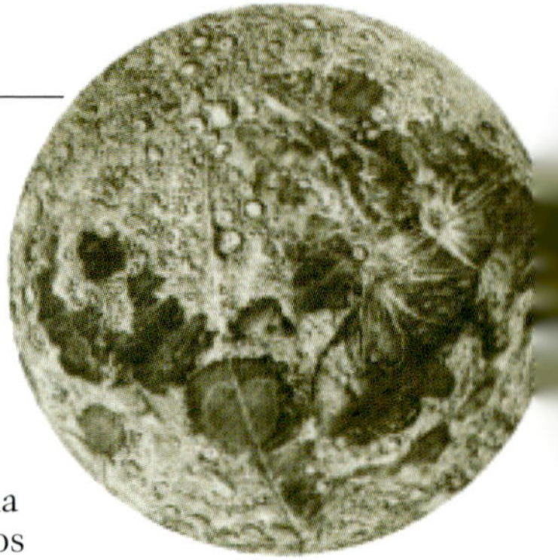

Assim, Newton executou completamente, e ao longo de vários anos, o programa matemático que havia estabelecido para si mesmo desde "o ano maravilhoso" de 1665-1666. Os métodos que ele concebeu e utilizou permitiram-lhe estender às elipses os cálculos que na ocasião podiam-se fazer sobre os círculos. Unidas à hipótese única da atração universal, estas permitem-lhe demonstrar as leis de Kepler — até então uma simples descrição do movimento observado dos planetas. Halley evidentemente fica deslumbrado...

Os métodos matemáticos de Newton permitem-lhe também demonstrar aquilo que ele havia sido obrigado a admitir primeiramente em relação a uma grande esfera: que ela agia como se toda a sua massa estivesse concentrada em seu centro. Do mesmo modo, portanto, que para a queda da maçã, era de fato a distância até o centro da Terra o que importava. Além disso, essa distância — o raio da Terra — agora era conhecida com precisão.

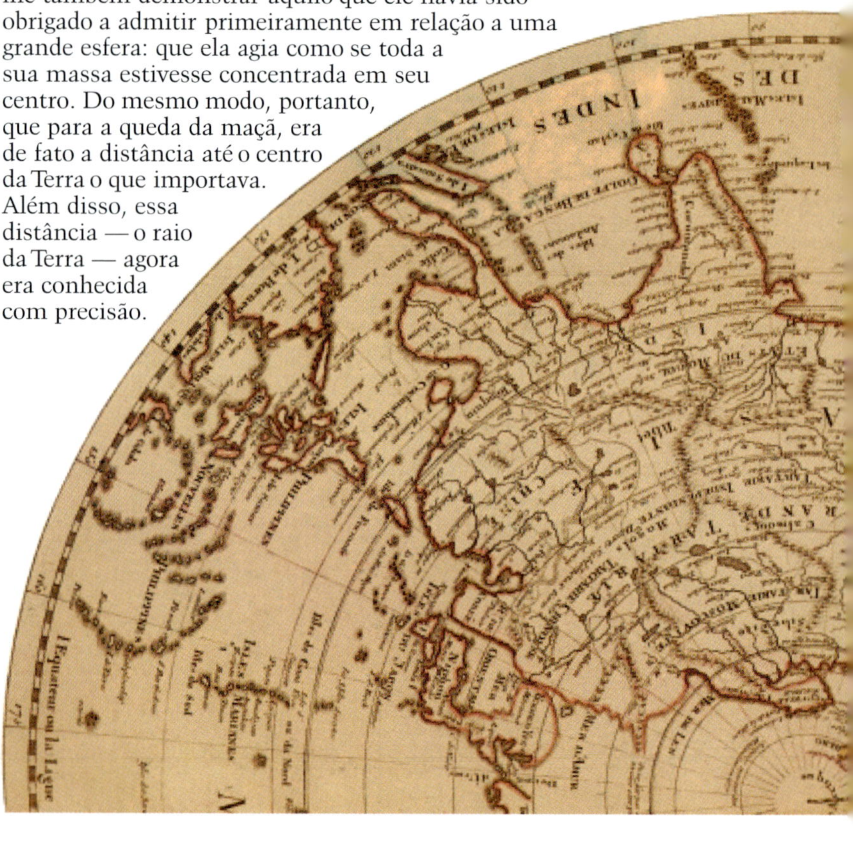

Graças às mensurações de Picard, Newton pode verificar a exatidão de sua lei

PAR MR. L'ABBE' PICARD.

Circonférence de la Terre.	
Toises de Paris.	20541600
Lieuës de 25 au degré.	9000
Lieuës de Marine.	7200
Diametre de la Terre.	
Toises de Paris.	6538594
Lieuës de 25 au degré.	2864
Lieuës de Marine.	2291

Para seu cálculo aproximado de 1666, comparando a maçã e a Lua, Newton dispunha somente de uma estimativa grosseira do raio da Terra. Cinco anos depois, Picard mediria esse raio com precisão, mas somente em 1682 é que Newton tomaria conhecimento desse resultado, evidentemente importante para ele.

Tão importante, realmente, que sua lenda inclui, nesse ponto, uma anedota quase tão deliciosa quanto a da maçã. Tão logo teve conhecimento desse resultado, Newton teria saído correndo para sua mesa de trabalho a fim de refazer, com o novo valor do raio terrestre, seu cálculo em relação à maçã e à Lua. Mas o cálculo obtém tão bons

É curioso que Newton só tenha tido conhecimento do resultado de Picard vários anos depois de sua publicação. Na verdade, ele se mantinha a par das conclusões publicadas pelos franceses, e muito cedo conheceu o "encurtamento" do pêndulo batendo no segundo do equador, constatado por Richer em Caiena, e verificado mais tarde (1681-1682) por uma expedição enviada para esse fim pela Academia ao Cabo Verde e às Antilhas. Essa expedição tinha também como objetivo determinar com precisão as longitudes desses lugares, conhecidas até então de maneira absolutamente aproximativa, e necessárias para o levantamento e a elaboração de mapas dignos de confiança.

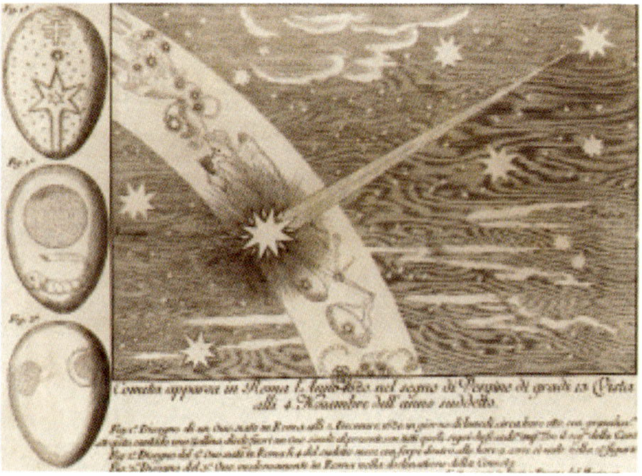

Em Roma, a aparição do cometa de 1680, na constelação de Virgem, é acompanhada por fenômenos extraordinários: as galinhas põem ovos, cantando de maneira estrepitosa, que ostentam sinais misteriosos, relacionados ao aspecto do deslocamento do cometa. Para cada ovo, a data e a hora em que foram postos são meticulosamente anotados. Como estas gravuras demonstram, a crença nos poderes misteriosos dos cometas ainda é muito forte em 1680. Podemos notar, em particular, a referência da posição das constelações do zodíaco, às quais, ainda hoje, se relacionam às superstições astrológicas.

resultados, os números se dispõem com tanta boa vontade para dar razão a Newton, que este, emocionado demais para acabar de fazê-los, precisa pedir a um amigo para concluir os cálculos para ele.

Em todo caso, a partir de 1682, a maçã e a Lua verificam com grande precisão a hipótese de uma atração inversamente proporcional ao quadrado da distância.

Por ocasião do aparecimento dos grandes cometas de 1680 e de 1682, Newton volta a se dedicar à astronomia

Ele escreve várias cartas a Flamsteed, o astrônomo real, para pedir-lhe suas tabelas de observação desses cometas, bem como as que Cassini lhe enviou do observatório de Paris. Ora, o cometa de 1680 tem um movimento muito mais curvo que o de 1664, a tal ponto que os astrônomos se perguntam se não se trata de dois cometas diferentes, um em dezembro de 1680 e o outro em janeiro de 1681...

Evidentemente, há muitas perguntas sobre as causas desse movimento. Flamsteed, numa carta para Newton, sugere uma atração e uma repulsão magnéticas exercidas alternadamente sobre o cometa pelos dois pólos do Sol. Newton o faz notar que um ímã aquecido até ficar em brasa perde seu poder de atração, e que duvida portanto do caráter magnético da atração do Sol sobre o cometa. Essa ação, aliás,

Nos jardins do Observatório, Cassini investiga o cometa de 1682 — que mais tarde será batizado de "cometa Halley". O vivo interesse manifestado pelos personagens, bem como a presença entre eles de várias damas, revela que, mesmo nesse ambiente científico, a carga emocional dos cometas continua sendo muito importante.

Newton se recusa a admitir que possa em um dado momento ser repulsiva. Parece mais disposto a aceitar a idéia de que se tratem de dois cometas diferentes...

Como se pode ver, o cometa está no centro das discussões. Pois bem, em 1682, apresenta-se um cometa ainda mais brilhante, que é estudado, evidentemente, com extremo cuidado desde o momento de sua aparição. Para este, que mais tarde tornar-se-á o "cometa Halley", os elementos de trajetória são suficientemente precisos para se prestar aos cálculos — e mais tarde fornecer uma verificação adicional à teoria de Newton.

Newton, que guardava para si suas extraordinárias descobertas, deixa-se convencer por Halley de que deve dar conhecimento delas ao mundo

Dentre os motivos para essa brusca mudança de atitude, o mais importante é certamente a amizade que nasce entre os dois homens: pela primeira vez talvez em toda a sua vida, Newton confia em alguém. E vamos deixar claro, imediatamente, o seguinte: essa confiança nunca seria traída.

Mas Newton também devia se dar conta de que chegara o momento de proclamar suas descobertas, se não quisesse correr o risco de ver alguma outra pessoa precedê-lo. Halley está visivelmente na pista de uma atração inversamente proporcional ao quadrado da distância, e, segundo o que ele diz, Hooke também. Por outro lado, o rival de Newton em matemática, Leibniz, acabou de publicar seus métodos de cálculo, diferentes dos de Newton, sem dúvida, mas igualmente bem-sucedidos, se não mais...

Quando Halley volta para Londres, Newton promete enviar-lhe, antes do fim do ano, uma cópia das demonstrações que lhe havia revelado, para que Halley pudesse apresentá-las à Sociedade Real, primeiro para registrar oficialmente sua existência, e depois para começar a projetar a publicação de uma obra muito mais volumosa, em que Newton exporia todos os seus trabalhos em mecânica e suas aplicações aos movimentos dos astros.

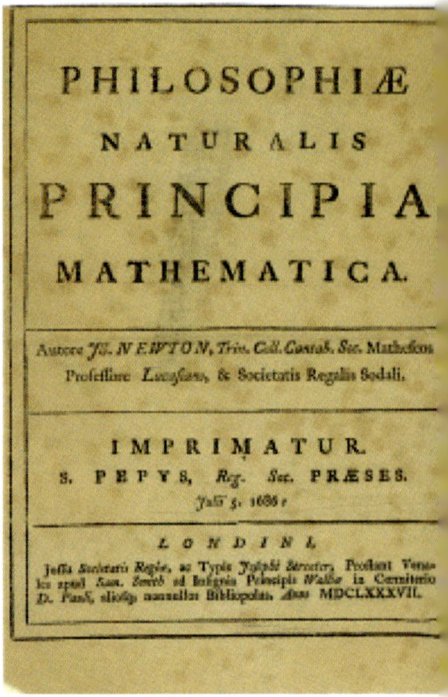
PHILOSOPHIÆ
NATURALIS
PRINCIPIA
MATHEMATICA.

IMPRIMATUR.
S. PEPYS, Reg. Soc. PRÆSES.

LONDINI,

Antes mesmo que Halley lhe relate as reações favoráveis da Sociedade Real de Londres, Newton dedica-se à redação dos *Principia*

Ele iria redigir em menos de dois anos os dois primeiros volumes de sua obra, *Principia mathematica philosophiae naturalis* — até os dias atuais a física ainda se chama "filosofia natural".

Esses dois volumes continham toda a sua teoria, tanto da gravitação (em particular a demonstração sobre a grande esfera), quanto as leis gerais que ele formulou para descrever os movimentos e estabelecer a relação deles com as forças que os determinam. Essas leis — que chamamos de "leis de Newton" — governarão durante mais de duzentos anos toda a mecânica. Newton já as aplica a todos os domínios: ele estuda os choques, o pêndulo, os projéteis, a resistência do ar, o equilíbrio dos líquidos, a propagação das vibrações e, em particular, do som etc. Em resumo:

de balbuciante e mal organizada que era, a física torna-se bruscamente um conjunto ordenado, harmonioso, quase arquitetônico! De um dia para o outro, a menininha que Galileu havia posto no mundo tornou-se adulta...

Quanto às aplicações de sua teoria aos movimentos de todos os corpos celestes — inclusive, evidentemente, os cometas —, Newton as reserva para um terceiro volume. Isso não o impede de trabalhar enquanto redige os dois primeiros: a partir do final do ano de 1684, pede a Flamsteed,

A edição original dos *Principia* (1686) com o imprimátur do presidente da Sociedade Real de Londres, Samuel Pepys. Como a página abaixo permite ver, a leitura é bastante árdua...

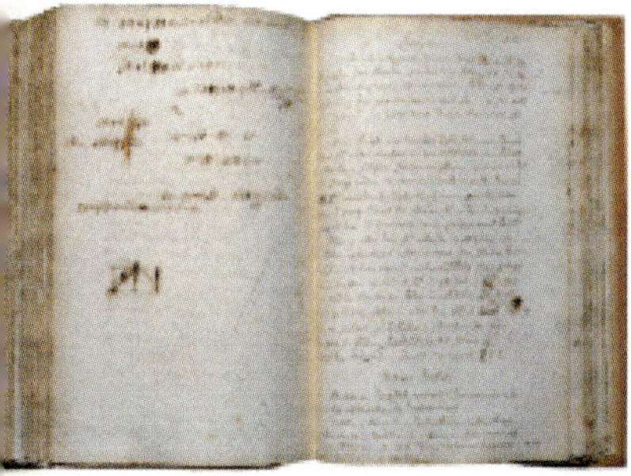

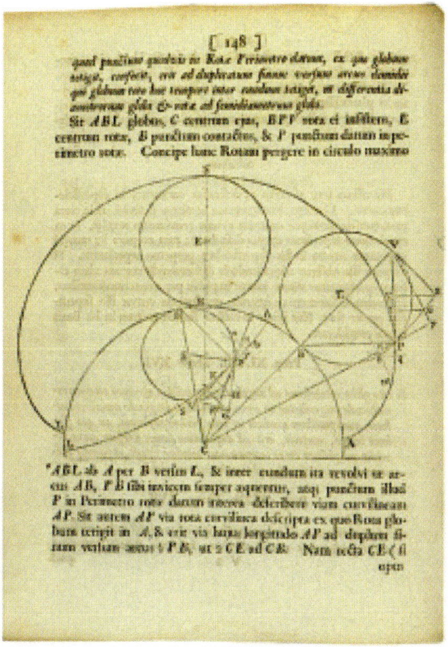
[148]

além dos dados sobre os movimentos dos cometas, informações sobre as dimensões das órbitas dos satélites de Júpiter e de Saturno. A propósito disso, Newton revela que, efetivamente, havia abandonado a astronomia durante anos: ignora que Cassini havia descoberto Japeto em 1671 e Réia em 1672, e para ele Saturno ainda tem apenas um único satélite, Titã, descoberto em 1656 por Huyghens, quase ao mesmo tempo que a verdadeira natureza do anel...

No centro, algumas páginas de correções de Newton sobre o manuscrito dos *Principia*.

Esse terceiro volume é, evidentemente, aquele que mais interessa aos não-matemáticos. Pois bem, ele por muito pouco não foi publicado, e foi necessária toda a diplomacia de Halley para que Newton aceitasse publicá-lo.

Edmond Halley (1656-1742) não foi somente o "parteiro" dos *Principia*. Seus trabalhos pessoais são consideráveis. Em astronomia, além do catálogo do céu austral e de seus estudos sobre os cometas, ele também descobriu o aglomerado globular de Hércules e demonstrou, em 1718, o movimento próprio das estrelas.

Newton dedica os *Principia* à Sociedade Real de Londres, que recebe, em abril de 1686, o manuscrito dos dois primeiros volumes

A Sociedade Real de Londres decide imediatamente ordenar sua impressão. Para que um livro fosse impresso, a lei inglesa da época exigia uma autorização (um imprimátur) que muito poucas pessoas estavam habilitadas a dar: o arcebispo de Canterbury, o bispo de Londres, os chanceleres das universidades de Oxford e de Cambridge e, finalmente, o presidente da Sociedade Real.

A decisão imediata da sociedade, portanto, faz com que a publicação supere um primeiro obstáculo. Agora faltava encontrar o dinheiro necessário para a impressão e, naquele momento, a sociedade não tinha absolutamente nenhum. Foi o próprio Halley, a despeito de suas dificuldades pessoais devido à morte de seu pai e a um longo processo para receber a herança, quem assumiu todos os custos. Sem dúvida, para convencer Newton, ele havia se comprometido a se ocupar de todas as questões materiais, discussões com o impressor, correção das provas, verificação dos cálculos e das figuras. Agora assumiu também os riscos financeiros. Ele foi, portanto, sob todos os pontos de vista, o editor do livro, e um editor particularmente atento aos desejos do autor: em 7 de junho de 1686, Halley enviou a Newton uma prova da primeira página, para que ele desse sua opinião sobre o papel, a forma das letras e a dimensão das figuras. De todo modo, nesse momento, Newton estava preocupado com

um outro aspecto da questão: Hooke reivindicava a paternidade da atração universal...

Suas reclamações não parecem estar absolutamente sendo levadas a sério, exceto, evidentemente, por Newton... Desgostoso, este desiste de publicar o terceiro volume: "A Filosofia", escreve a Halley (é preciso que se leia aqui "a física"), "é uma Dama tão impertinente e trapaceira que se envolver em processos significa a mesma coisa que ter qualquer tipo de negócio com ela. Já constatei isso anteriormente e agora, tão logo me aproximei dela, recebi uma nova advertência..."

Halley, evidentemente, se dedica a fazê-lo reconsiderar sua decisão e, finalmente, Newton se deixa convencer, sem dúvida, em grande parte, porque sabe muito bem que, sem o terceiro volume, os *Principia* não terão a mesma boa vendagem, e que sua recusa implicaria portanto no risco de levar à ruína seu único amigo...

E no número 186 das *Philosophical Transactions*, no início de 1687, Halley — que se tornou seu redator-chefe — tem o prazer de redigir um comentário, evidentemente com louvores exagerados, sobre os *Principia*, à venda "em diversas livrarias". Ufa!

As idéias de Newton finalmente são apresentadas ao público. Resta ver o que este concluirá a respeito delas.

Halley era o que atualmente chamaríamos de um geofísico. Estudou em detalhe o campo magnético terrestre, as marés, as correntes e, sobretudo, fez progredir consideravelmente a compreensão dos fenômenos meteorológicos. Foi assim que ele forneceu a primeira explicação dos alísios, por meio dos movimentos verticais das massas de ar mais ou menos aquecidas pelo Sol. Foi ele ainda quem primeiro expôs o ciclo da água: evaporação, nuvens, chuva, rios, oceano, evaporação etc. Desse modo, ele foi o primeiro a pressentir o papel orientador das trocas de calor na física terrestre, ou seja, precisamente o que deixa de lado o "universo relógio" de Newton.

O efeito dos *Principia* sobre os contemporâneos pode ser facilmente resumido: todo mundo admira, ninguém compreende...

Isso é verdade de início, naturalmente, em relação ao "grande público", isto é, as pessoas instruídas e curiosas que não são profissionais da ciência. Os *Principia* são austeros: consistem em um tratado decididamente matemático e, exceto talvez pelo terceiro volume, praticamente incompreensível para o público. Todavia, é bem recebido por ele, que até mesmo faz do livro um sucesso, e tenta corajosamente compreendê-lo, pelo menos uma parte dele.

Essa atitude, *a priori* surpreendente, revela o interesse geral da época pelos progressos científicos e, sobretudo, pela matemática. Além da boa acolhida dada aos *Principia*, encontramos por toda parte provas desse interesse. Destas, citaremos uma, particularmente reveladora. Samuel Pepys, o presidente da Sociedade Real de Londres que

assinou o imprimátur dos *Principia*, era, vinte anos antes, um jovem secretário de Estado da Marinha. Nesse momento, seu diário íntimo de 1665 nos relata, ele tomava aulas particulares de matemática, para aprender a fazer divisões! E isso não era apenas em virtude de seu trabalho: tinha tanto prazer com as aulas que logo depois contratou o mesmo professor para sua mulher...

Portanto, foi com apetite que esse público se voltou para os *Principia*, a respeito do qual todos os sábios — e Halley em primeiro lugar, naturalmente — irão repetir que é a obra-prima do novo espírito científico. Mas o osso é duro de roer... Sem, no entanto, se desencorajar por isso, o público reivindica intérpretes, vulgarizadores.

Nesse ponto também, Halley assume a dianteira. Para apresentar ao rei, em 1687, a primeira edição completa dos *Principia*, ele redigiu uma longa carta, que imediatamente foi publicada sob o título *Discurso para o rei sobre as marés*. Nela, Halley detalhava, em um estilo acessível a todos, um dos múltiplos resultados de Newton: a primeira explicação completa das marés, por meio da diferença de atração exercida pela Lua sobre o centro da Terra e sobre sua superfície.

O tema era bem escolhido: ao mesmo tempo físico e astronômico, ao mesmo tempo fenômeno natural e entrada de interesse econômico... Halley foi, decididamente, não só um grande sábio e um diplomata prudente, mas também um vulgarizador excepcional! É verdade que essa escolha sem dúvida também se explica pelo amor que ele tinha pelo mar, que brevemente percorreria ele próprio, em todos

Samuel Pepys (1633-1703) manteve entre 1659 e 1669 um diário íntimo, redigido em uma estenografia pessoal, que só foi decifrada em 1825. Esse diário é um documento extraordinário sobre a vida cotidiana de Londres durante um período especialmente rico em acontecimentos.

Os cafés de Londres, no século XVII, eram um dos centros da vida intelectual e social.

os sentidos, para fazer sua carta magnética, para estudar as correntes, os portos... Mas que importa! Só se fala bem das coisas que se ama: tratando ao mesmo tempo dos *Principia* e do mar, o *Discurso* de Halley foi eloqüente e redobrou o interesse geral pelo livro de Newton.

A acolhida dos sábios revela curiosamente a mesma mescla de respeito e de incompreensão

Além de Halley, que, naturalmente, conhece os *Principia* de cor, e já investigou até a menor vírgula ao publicá-los, existia na Europa talvez uma dezena de sábios capazes de compreendê-los inteiramente, com um atraso razoável: Huyghens, Leibniz, o infeliz Hooke, Roemer...

Mas existiam muitos outros que, sem acompanhar o detalhe das explicações, eram capazes de apreciar a importância dos resultados e a perspectiva de conjunto. Ora, esta levanta um problema de fundo, um problema realmente

Logo depois da morte de Galileu (1642), uma das grandes questões do debate científico se relacionava às bombas de água: seu funcionamento teria como base o "horror do vácuo", como se repetia desde os tempos de Aristóteles, ou a pressão do ar, como insistia um assistente de Galileu, Torricelli? Foi Pascal quem pôs fim, em 1648, à explicação a favor do "horror do vácuo", graças a uma série de experiências detalhadas, que seriam publicadas mais tarde em um tratado sobre o "equilíbrio dos líquidos".

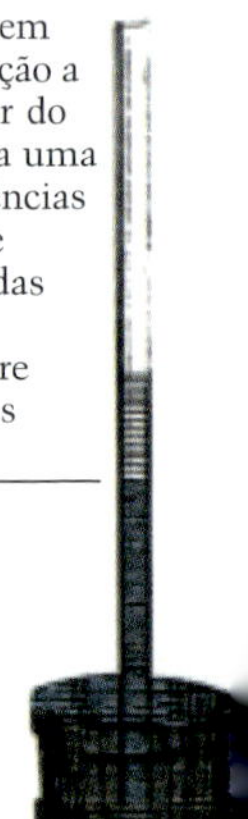

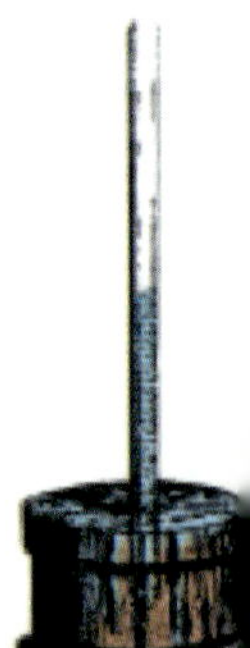

filosófico — e a física ainda se chama "filosofia natural"...

É o problema da ação à distância. Os turbilhões de Descartes tinham como papel precisamente explicar os movimentos dos astros por impulsão exercida por seu contato com uma matéria invisível. A idéia de uma ação à distância, exercendo-se sem contato através de milhões de quilômetros de vácuo, é um retorno inadmissível à física dos antigos, com suas "qualidades misteriosas". Evoca-se a respeito disso o horror do vácuo, que, antes de Torricelli e Pascal, servia para "explicar" a subida da água nas bombas...

Newton se defende dessa comparação numa carta a Halley: "Não sou eu, absolutamente", diz ele, "quem invoca o horror do vácuo: sou apenas aquele que mostra que a água sobe nas bombas..." E, de fato, ele se recusa a se deixar arrastar para um debate sobre a natureza física da atração universal: ele formulou uma lei da natureza, exprimindo-a sob uma forma matemática que permite calcular todos os movimentos constatados. Porém, teve um grande cuidado em não tecer especulações sobre a realidade do agente que exerce e transmite a atração.

Mas seus colegas, estes, fazem ouvido de mercador a isso: unânimes em aplaudir a construção teórica — segundo dizem "matemática" — de Newton, são do mesmo modo unanimemente reticentes diante das implicações filosóficas às quais, ao contrário dele, são incapazes de subtrair. Essa atitude é muito bem resumida no artigo publicado em 1688 pelo *Journal des Sçavans* para apresentar os *Principia* na França. O artigo saúda "uma Mecânica que é a mais perfeita que se pode imaginar", mas pede a Newton que "nos dê uma Física tão exata quanto o é a Mecânica", ou seja, que se pronuncie sobre a real natureza da atração.

Ora, as primeiras tentativas nesse sentido deverão esperar até o século XX e a teoria da relatividade geral... A "mecânica perfeita", em contrapartida, vai seguir adiante durante séculos de triunfo em triunfo...

Este "carrinho de reação", propelido por um jato de vapor, sem dúvida jamais existiu: é um exemplo dado na metade do século XVIII de aplicação da terceira lei de Newton, a lei da ação e da reação. As três leis de Newton na realidade governam toda a mecânica, e, qualquer que seja o dispositivo em que o movimento intervém, é obrigatoriamente governado por essas leis — hoje em dia, da mesma forma que em sua época: se esse "carrinho de reação" é, sem dúvida, imaginário, nós, nos dias de hoje, conhecemos muitos aparelhos absolutamente reais que têm como base o mesmo princípio...

A mais bela confirmação, para uma teoria, é que suas previsões se realizem: explicar um fenômeno já constatado é uma coisa, prever um fenômeno ainda desconhecido, depois constatar sua existência, é outra... Em 1735, a Academia de Ciências de Paris decide verificar uma das previsões de Newton: o achatamento da Terra nos pólos.

CAPÍTULO 5

DE TRIUNFO EM TRIUNFO

Em 150 anos, a teoria da gravitação vai permitir sucessivamente que se preveja o achatamento da Terra, a data do retorno do cometa de Halley e, finalmente, a existência de um novo planeta!

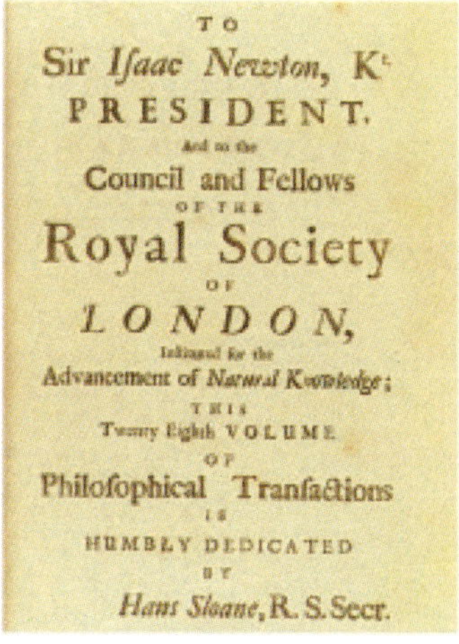
TO
Sir *Iſaac Newton*, Kt.
PRESIDENT,
And to the
Council and Fellows
OF THE
Royal Society
OF
LONDON,
Instituted for the
Advancement of *Natural Knowledge*;
THIS
Twenty Eighth VOLUME
OF
Philoſophical Tranſactions
IS
HUMBLY DEDICATED
BY
Hans Sloane, R. S. Secr.

Cinqüenta anos depois dos *Principia*, onde estão as idéias newtonianas na França? Em 1699, Newton foi eleito associado estrangeiro da Academia de Ciências de Paris na ocasião de sua morte, em 1727, seu elogio fúnebre será pronunciado pelo secretário perpétuo, Fontenelle — que também foi o autor da primeira biografia de Newton...

Nesse meio-tempo, a publicação da segunda grande obra do sábio inglês, a *Óptica* (1704), reacende a controvérsia entre cartesianos e newtonianos, aliás uma controvérsia muito mais matizada do que com freqüência se relata. Desse modo, o herdeiro mais próximo de Descartes, Malebranche, tem uma atitude preferencialmente conciliadora e estimula um grupo de sábios muito menos "antinewtonianos" do que se teria podido prever.

Por ocasião da morte de Newton, o século XVIII está bem engajado politicamente; uma das coisas que estão em jogo, na França, é a liberdade de pensamento

Nas exéquias solenes de Newton, é com isso que sonha um jovem escritor francês recentemente saído da Bastilha, proibido de retornar

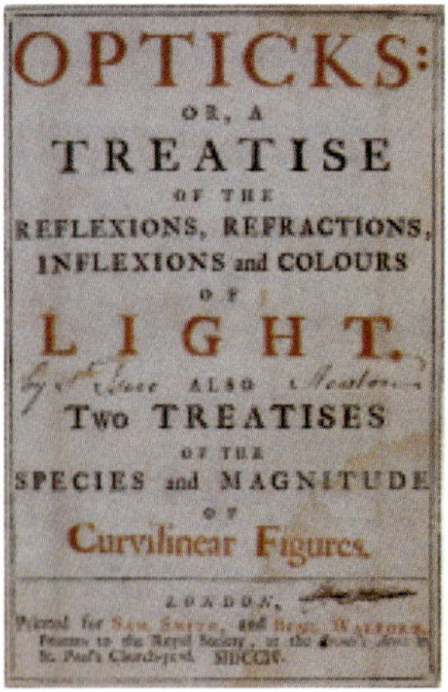

OPTICKS:
OR, A
TREATISE
OF THE
REFLEXIONS, REFRACTIONS,
INFLEXIONS and COLOURS
OF
LIGHT.
ALSO
Two TREATISES
OF THE
SPECIES and MAGNITUDE
OF
Curvilinear Figures.
LONDON,
Printed for Sam. Smith, and Benj. Walford,
Printers to the Royal Society, at the Prince's Arms in
St. Paul's Church-yard. MDCCIV.

a Paris e refugiado em Londres. Ele se chama Voltaire, e suas *Cartas inglesas* serão o movimento inicial do século das luzes — e que lhe valerão, naturalmente, novas perseguições. E, se ele nunca deixará de admirar Descartes, Newton e suas idéias tornam-se para ele e para seus leitores a abertura de uma espécie de luta dos modernos contra os antigos, os "antigos" sendo, não Descartes, mas aqueles que põem Voltaire na prisão quando ele levanta a voz...

Daí se origina a ressonância das expedições decididas em 1735 e 1736 pela Academia de Ciências para verificar uma das previsões de Newton, o achatamento da Terra nos pólos. Que a Terra seja achatada, é sem dúvida a menor das preocupações de Voltaire... Mas que a ciência leve vantagem sobre os preconceitos, que Newton, cidadão exemplar do país que à época encarnava a liberdade de pensamento, tenha razão, contrariando a autoridade estabelecida, isto, sim, lhe interessa muito.

Em 1704, Newton, aos 62 anos de idade, publica sua segunda grande obra, intitulada simplesmente *Óptica*. Dessa vez, também, ele apresenta nela uma quantidade de descobertas, teóricas ou aplicadas, e um número impressionante de experiências de todos os tipos. Essas experiências os sábios franceses vão refazer, pacientemente, tão logo disponham da versão em latim desse tratado. E seu sucesso contribuirá infelizmente para o abandono — provisório — da teoria ondulatória desenvolvida vinte anos antes por Huyghens.

A questão do achatamento remonta às constatações feitas sobre o pêndulo, inicialmente por Richer em Caiena, depois por Halley em Santa Helena

Ambos constataram que, nessas regiões tropicais, o mesmo pêndulo batia mais lentamente que em Paris ou em Londres. Halley constatou, além disso, que, em Santa Helena, ele batia ainda mais devagar no alto de uma montanha do que na praia. É

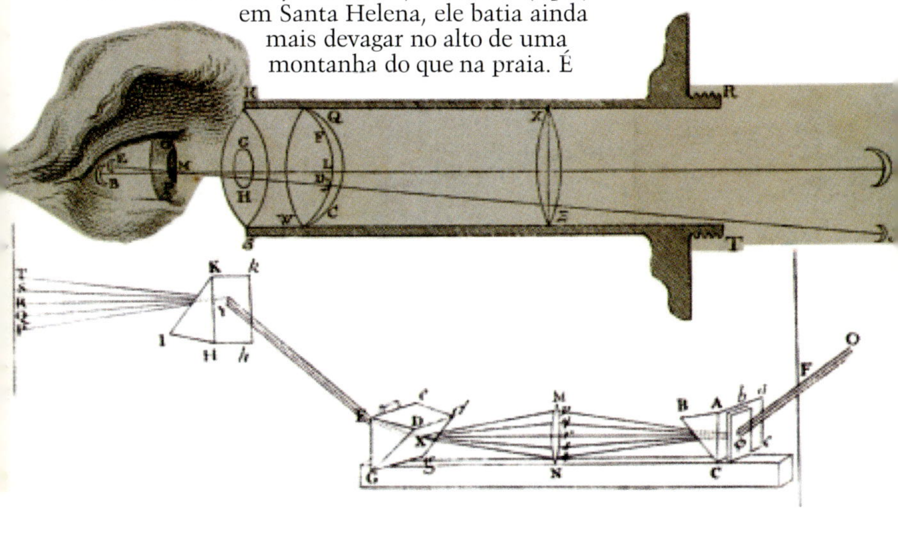

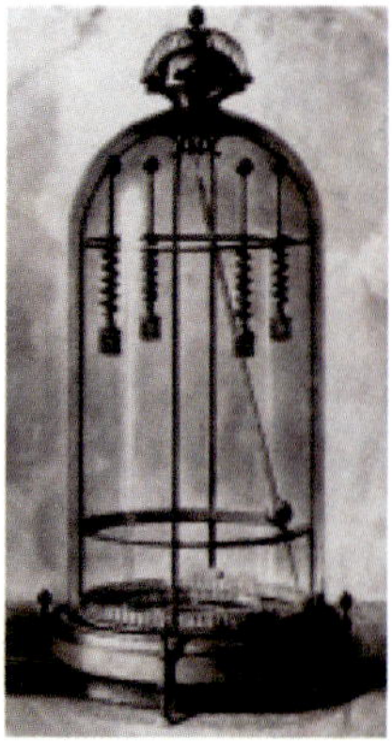

portanto esta segunda constatação que virá inspirar as reflexões de Hooke sobre o decrescimento da atração...

Pois, se o pêndulo bate mais devagar, todo mundo está de acordo, é porque a gravidade é menos intensa. Inicialmente, pensa-se que esse efeito se deve à força centrífuga, maior no equador, uma vez que o círculo percorrido em 24 horas é maior. Mas isso só explica a metade da diferença constatada... De onde vem a outra metade? Para Newton — e ele o demonstra —, do fato de que um ponto do equador fica mais longe do centro da Terra do que ficam Londres ou Paris, ou seja, isto quer dizer que a Terra não é uma esfera perfeitamente redonda, mas uma esfera um pouco achatada, como um ouriço ou uma tangerina.

Se conseguissem verificar isso, esse achatamento seria um argumento decisivo a favor da teoria de Newton. Ora, se a Terra é efetivamente mais "abaulada" no equador que nos pólos, a distância a ser percorrida ao longo de um meridiano para que o vertical passe de um grau para outro deve ser menor no equador: sobre uma corcova, o vertical gira mais depressa. Seria necessário, portanto, refazer no equador a medição do "grau do meridiano" que já havia sido efetuada na França por Picard: se o comprimento medido no equador for menor, significará que a Terra é achatada e, portanto, que Newton tem razão.

A expedição ao Peru encontrou muito mais dificuldades do que a da Lapônia, e seu trabalho durou mais de dois anos. Mas ela obteve excelentes resultados, melhores, como se perceberia mais tarde, do que os de Maupertuis.

Em 1735, a Academia enviou uma expedição ao Peru, dirigida por Bouguer e La Condamine, para efetuar ali essas medições.

A expedição do Peru enfrenta graves dificuldades. Em Paris, Maupertuis se impacienta...

Matemático, biólogo, lingüista em suas horas vagas, Maupertuis era, desde 1728, um dos mais ardorosos partidários de Newton na França, e contribuiu em grande medida para que se tomasse a decisão de enviar a expedição ao Peru. Ele consegue agora convencer, primeiro a Academia, depois o governo do rei Luís XV, de que é preciso enviar uma outra expedição, dessa vez rumo ao norte, para a Lapônia.

Obtém para si a direção da expedição, e escolhe como participantes companheiros muito jovens. Clairaut, por exemplo, já é acadêmico há cinco anos; é um dos primeiros matemáticos de seu tempo, e tem apenas 23 anos... Camus é um pouco mais velho, mas Le Monnier é ainda mais jovem: a expedição adquire ares de escapada aventureira.

Além desses quatro acadêmicos, a equipe compreende um astrônomo sueco, Anders Celsius, que servirá de intérprete,

Maupertuis, retratado por ocasião de seu retorno da expedição com trajes de explorador ártico...

O acampamento no alto da montanha de Niemi, desenhado por Outhier. No cume, a "marcação" em forma de pilar cônico feita de troncos de pinheiro descascados (para que fosse visível de longe). Era esse pilar que marcava um dos cumes do sistema de triangulação, e para fazer a observação dos outros os instrumentos foram colocados em seu interior, na vertical do cume indicado pelo fio de prumo. Para possibilitar a visão nas direções importantes, foi necessário derrubar um certo número de pinheiros.

e um cartógrafo, o abade Outhier. Extremamente amável e curioso com relação a tudo, Outhier, por ocasião de seu retorno, publicará um relato da viagem que é um modelo do gênero e graças ao qual se pode seguir dia a dia a expedição...

Partindo de Paris no dia 20 de abril de 1736, a equipe chega no começo de julho a Tornio, no extremo norte do Báltico

Essa "cidade" de algumas casas de madeira fica situada na extremidade sul do arco do meridiano que deveria ser medido. Para o norte se estende, sem fim, a floresta da Lapônia, da qual, evidentemente, não existe nenhum mapa. A questão fundamental era encontrar ali os cumes onde se pudessem construir marcações e posicionar os instrumentos de observação, de maneira a criar um sistema de triangulação análogo ao de Picard — mas em condições completamente diferentes... Felizmente, o rio Tornio corre de norte para sul e é mais ou menos navegável em barcaças, para quem conhece suas corredeiras...

Maupertuis contrata camponeses, que serão guias, remadores, carregadores, lenhadores quando for necessário desobstruir a vista do alto das montanhas. Ele compra peles de rena, para "dormir sobre a terra", e, no dia 7 de julho, uma flotilha de barcaças embrenha-se rio acima, com os preciosos instrumentos e apenas "as coisas absolutamente indispensáveis para a vida". Seis semanas depois, a despeito das matas que tiveram de ser cortadas, dos pântanos e dos temíveis mosquitos lapões, o sistema de triangulação está concluído.

Na extremidade norte do arco, há um povoado, Kittis, na margem do rio. Ali a expedição compra um celeiro, que logo em seguida é transportado para o alto da montanha, para servir de última marcação e também — por meio de um pilar de alvenaria (Maupertuis não se esqueceu de trazer cimento...) — de suporte para o grande setor que deve determinar a posição do vertical de Kittis em relação às estrelas.

O povoado de Kittis, extremidade norte do trecho de meridiano do qual se deveria efetuar a medição. Nele podemos reconhecer em todos os detalhes as diversas construções de madeira que formam as aldeias do norte da Escandinávia, inclusive a grande "escada" onde se põe o feno para secar. Bem no alto, à esquerda, podemos distinguir as construções transportadas para o alto da montanha para servir de observatório. De fato, é preciso fazer a marcação de observação do vertical, em relação às estrelas, com um cuidado muito especial, uma vez que Kittis é uma das extremidades do segmento a ser medido.

Para circular durante o inverno, Maupertuis "entrega-se à velocidade de uma rena semi-selvagem" em um trenó lapão que com freqüência capota. A rena furiosa então dá coices, mas, observa Maupertuis, "é possível se refugiar debaixo do trenó virado"...

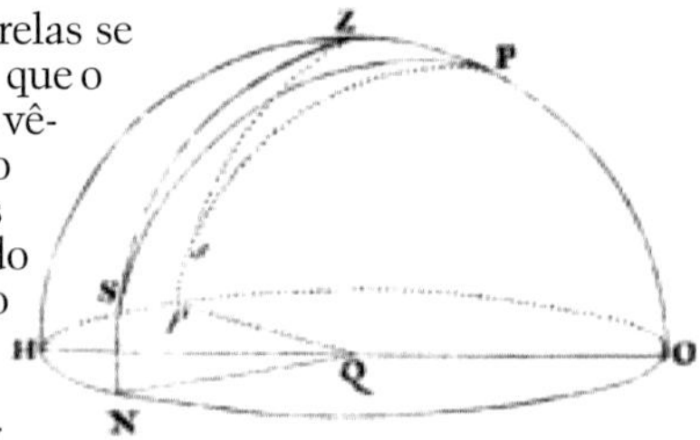

Para isso é necessário também que as estrelas se mostrem: somente no meio de outubro é que o céu ficaria menos encoberto, permitindo vê-las durante algumas noites, e a expedição tem tempo para retornar a Tornio apenas quatro dias antes que o rio fique congelado até o mar! O setor é novamente montado sobre um outro pilar, para fazer a marcação da observação do vertical de Tornio, e preparam-se as varas para fazer a medição da base do sistema, um trecho de 10 quilômetros sobre a superfície congelada do rio.

Depois de seus respectivos retornos, Maupertuis, em 1738, e Bouguer, em 1749, publicarão seus resultados sob o título de *La Figure de la Terre*. Além dos esquemas de princípio, essas obras apresentam os mapas detalhados dos sistemas de triangulação utilizados nos dois casos, um nas proximidades de Quito e o outro na Lapônia, ao longo do rio Tornio.

Para a agrimensura, Maupertuis trouxe uma cópia em ferro da toesa de Châtelet e um termômetro de Réaumur...

De fato, esta barra de ferro não mede realmente uma toesa, exceto "dentro de um aposento em que o termômetro do senhor de Réaumur indique a temperatura de 15 graus". Para isso, portanto, ajusta-se o aquecimento do aposento onde Camus corta suas varas de madeira. Para acertar seu comprimento, Camus crava um prego em cada uma das extremidades, "com uma espessura aproximada de uma folha fina de papel", cuja cabeça ele lixa delicadamente.

No dia 20 de dezembro, toda a equipe parte de trenó rumo à base a ser medida. A temperatura é de menos vinte graus, o gelo do rio está coberto por uma camada de 60 centímetros de neve e o sol nasce por volta do meio-dia, para se pôr uma hora depois...

A despeito disso, em uma semana, a base é medida duas vezes, e entre as duas medições há uma diferença de apenas 4 polegadas (cerca de 10 centímetros).

De volta a Tornio, resta apenas aos acadêmicos fazer os cálculos. Como, a propósito, observa Maupertuis, são cálculos fáceis e, de toda maneira, Clairaut está lá... Em alguns dias, as operações são concluídas: para passar de um grau para outro na Lapônia, é necessário percorrer 57.395 toesas do comprimento do meridiano. Na França, Picard havia encontrado um resultado de 57.060: a Terra de fato é achatada nos pólos! Dois anos mais tarde, depois de ter superado enormes dificuldades, a expedição ao Peru conclui suas medições, que confirmam exatamente as da Lapônia: ninguém mais pode duvidar do achatamento da Terra.

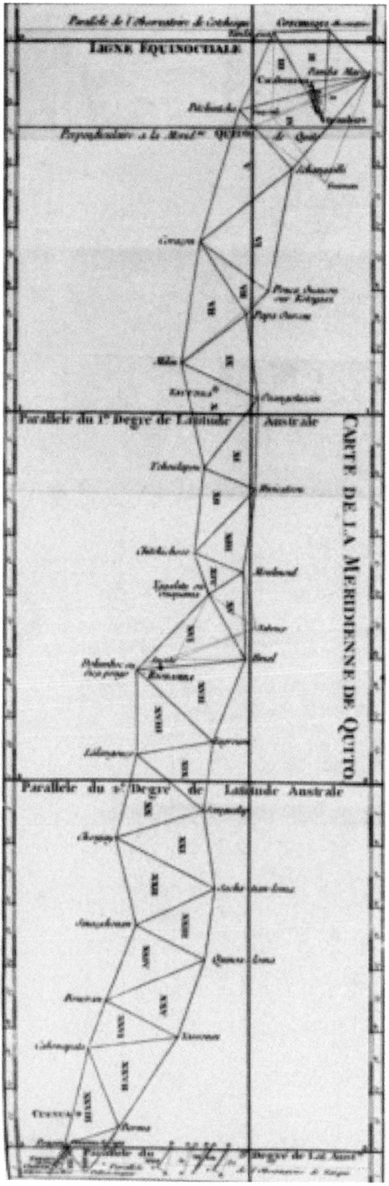
LIGNE EQUINOCTIALE
CARTE DE LA MERIDIENNE DE QUITO
Parallele du 1er Degré de Latitude Australe
Parallele du 2e Degré de Latitude Australe

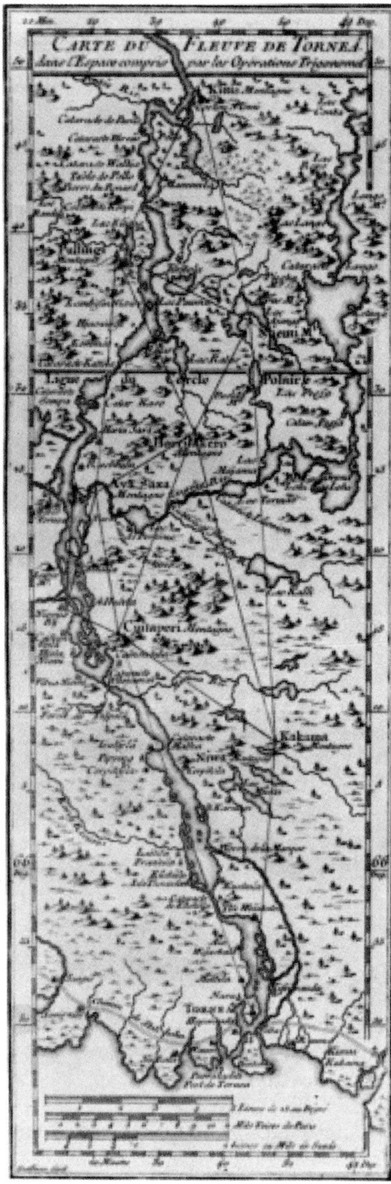
CARTE DU FLEUVE DE TORNEÅ

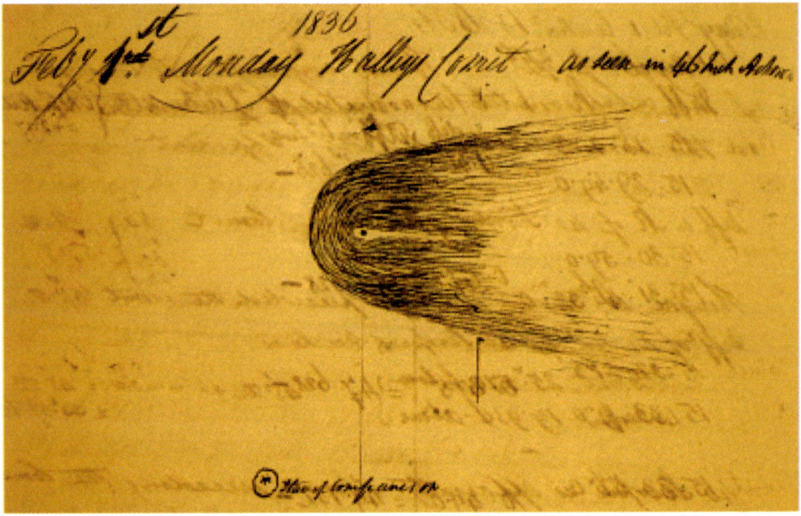

Sessenta anos depois de sua publicação, os *Principia* conhecem uma primeira e espantosa confirmação. A segunda viria do cometa Halley

O terceiro volume dos *Principia* dedica um espaço bastante grande aos cometas. Em particular, Newton formula a hipótese de que certos cometas poderiam ter trajetórias fechadas, seguindo elipses muito alongadas, cuja única extremidade próxima do Sol seria acessível a nossas observações. Esses cometas deveriam levar sempre um mesmo tempo para fazer seu percurso e, portanto, retornar em intervalos regulares.

Para tentar confirmar esta hipótese, Halley, em 1695, reúne as observações de cometas feitas no passado, pelo menos as de um passado bastante recente para que se tenham anotado alguns elementos da trajetória aparente. Remontando a uma época sem instrumentos, sua pesquisa deve, obrigatoriamente, limitar-se aos cometas mais brilhantes.

Desse modo, ele observa que a trajetória do cometa de 1682 se assemelha muito com as dos cometas de 1607 e de 1531. Se realmente for o mesmo cometa, seu período é, portanto, de 75 ou 76 anos, e ele deverá retornar em 1757 ou 1758.

Uma vez conhecido o período do cometa Halley, será possível pesquisar nos arquivos do passado os registros de suas visitas precedentes. Pôde-se desse modo, com alguns "buracos", remontar até bastante longe: -466, -239, -86, -66, 141, 218, 295, 374, 451, 530, 607, 684, 760, 837, 912, 989, 1066, 1145, 1222, 1301, 1378, 1456, 1531, 1607, 1682, 1759, 1835, 1910, 1986.

De acordo com a Bíblia, uma "estrela" guiou os reis magos em direção à manjedoura... Cometa? Nova? Neste quadro de Giotto, não fica nenhuma dúvida: a "estrela", é o cometa Halley, que, em 1301, veio semear, como de hábito, inquietação e encantamento.

Halley e Newton tentam levar em consideração uma diminuição na velocidade do cometa em virtude da atração de Júpiter

Halley anuncia, em 1705, o retorno do cometa no "final de 1758 ou princípio de 1759". À medida que a época prevista se aproxima, a excitação aumenta: será que se vai assistir a uma nova confirmação do que ainda se chama de "idéias newtonianas"?

Na França, os newtonianos se preocupam um pouco com as inexatidões que necessariamente comporta o cálculo de Halley: não seria conveniente refazer esse mesmo cálculo, com os métodos mais sofisticados de que se dispõem atualmente?

ISTI MIRANT STELLA

HAROLD

A saga dos cometas

Os cometas não são os únicos espetáculos pouco habituais que aparecem no céu. Vejam a seguir os "fenômenos celestes" observados em Cartagena em 1743. Ninguém duvida que, duzentos anos mais tarde, os objetos voadores tivessem ocupado a primeira página dos jornais! Na verdade, o céu não é somente o conjunto dos astros, ele é também a atmosfera, com seus movimentos, suas poeiras e suas brumas, em que a luz se dispersa, se difunde, se refrata, produzindo halos, manchas, arcos, cruzes etc., com freqüência fugazes, passageiros, mas por vezes persistentes. E como tudo o que aparece no céu continua a inquietar os homens, a imaginação embeleza essas aparições...

A página precedente mostra o cometa Halley em 1066 (tapeçaria de Bayeux), ou seja, durante a expedição de Guilherme, o Conquistador, contra os anglo-saxões em Hastings: ele certamente anuncia o infortúnio, mas para qual dos dois campos?

AU BON MARCHÉ
N° 6. — La jolie Comète ne connait plus rien depuis tantôt 75 ans, aussi la Ville de Paris s'empressera de lui montrer les *Grands Magasins du Bon Marché*, dont une visite incognito lui dévoilera les merveilles.

No primeiro escalão desses newtonianos, encontra-se Clairaut. Desde seu retorno da Lapônia, sua reputação só fez crescer, e ele está empenhado, sem reservas, a favor de Newton: entre 1745 e 1748, trabalhou em uma edição francesa dos *Principia*, com madame du Châtelet, amiga e protetora de Voltaire (foi ela quem o abrigou em seu castelo quando as *Cartas inglesas* lhe valeram novos problemas com as autoridades). Em um comentário acrescentado a essa edição, Clairaut evocou o retorno do cometa em 1758, dizendo que seria um momento muito lisonjeiro para os partidários do Sr. Newton.

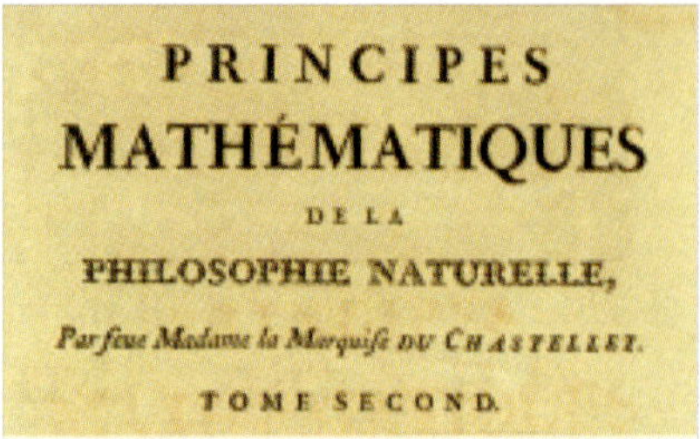

PRINCIPES MATHÉMATIQUES DE LA PHILOSOPHIE NATURELLE,
Par feue Madame la Marquise DU CHASTELLET.
TOME SECOND.

De modo que não é nada surpreendente que, em 1757, Clairaut decida refazer os cálculos de Halley, desta vez levando em conta as perturbações de vários planetas, graças aos métodos de cálculo aproximado para outros cálculos astronômicos que ele acabou de passar vinte anos elaborando.

Clairaut dedica-se à tarefa de fazer um cálculo "de uma extensão assustadora", como ressalta seu assistente Lalande. Felizmente, há Hortense...

Não se trata de um computador, mas quase: Hortense Lepaute, calculista do Observatório, passou sua vida a alinhar cifras. O cálculo conduzido por Clairaut vai ocupá-la, bem como ao jovem Lalande, durante seis meses em tempo integral.

Aliás, o nome de Hortense Lepaute — ou, melhor, seu prenome — foi imortalizado alguns anos mais tarde de uma maneira bastante tocante. Em 1761, o astrônomo Le Gentil partiu para as Índias, com o propósito de observar a passagem de Vênus diante do Sol, método concebido por Halley para fazer uma nova medida do sistema solar. Em cada século, há duas dessas passagens, separadas por um intervalo de oito anos.

Tendo perdido por pouco a passagem de 1761, por causa de atrasos impostos pela guerra contra os ingleses, Le Gentil decidiu esperar no local

"Foi assim que a Verdade,
Para melhor estabelecer sua força,
Tomou para si os traços da beleza,
E as graças da Eloqüência." Este quarteto escrito para homenagear a marquesa du Châtelet não mostra somente que, em 1745, a teoria newtoniana era chamada muito simplesmente de "a Verdade"... Ele revela também que nossos ancestrais, nessa época, já haviam compreendido que uma mulher inteligente não é necessariamente feia.

a de 1769. Aproveitou o período de espera para construir um observatório, aprender a língua, estudar astronomia indiana... Em junho de 1769, o tempo estava uniformemente esplêndido, salvo durante a passagem de Vênus, que ocorreu atrás de uma nuvem. Desesperado, exausto, doente, Le Gentil pára de enviar notícias. Quando retorna à França, em 1771, descobre que está oficialmente morto, e portanto foi substituído na Academia. Além disso, tenta recuperar sua herança por meio de um processo que perde, e cujos custos acabam de arruiná-lo.

Porém, Le Gentil trouxe consigo das Índias uma coisa: uma flor, desconhecida na Europa, que dedica

Duas trajetórias possíveis para o retorno do cometa em 1758-1759. Esta gravura é de autoria de Charles Messier (1730-1817), célebre por seus catálogos de objetos celestes que não sejam estrelas (aglomerados, nebulosas...). O aglomerado de Hércules, por exemplo, chama-se Messier 13, ou M 13. E a galáxia de Andrômeda se chama Messier 31 ou M 31.

a Hortense Lepaute, e à qual, em conseqüência, dá o nome de hortênsia...

Clairaut anuncia o retorno do cometa para a metade de abril de 1759, dali a quase um mês

Mais exatamente, o que ele prevê para esta data é a passagem do cometa em seu "periélio", ou seja, o ponto de sua trajetória em que o cometa se encontra mais próximo do Sol.

Ora, ele retorna conforme estava previsto, mas passa pelo periélio no dia 14 de março, exatamente no limite da margem de erro admitida por Clairaut... E, enquanto uma parte dos astrônomos aplaude, outros sustentam que não valia à pena fazer cálculos tão longos para chegar a um resultado apenas ligeiramente mais preciso que o de Halley. Como de hábito, trata-se sobretudo de acertos de contas pessoais, e no primeiro escalão dos críticos encontramos d'Alembert, que nunca se entendeu bem com Clairaut, e Le Monnier, seu velho companheiro da Lapônia, que logo depois se tornou um adversário cada vez mais virulento...

Em todo caso, se o trabalho de Clairaut é discutido, não se discute o de Halley — nem a confirmação espantosa que traz para as teorias de Newton o retorno do cometa, ao qual, em virtude de uma proposta feita pelo astrônomo Lacaille, dali por diante se daria o nome de cometa Halley.

A cada aparição periódica do cometa, os meios de observá-lo e de representá-lo evoluíram: gravura em 1835, fotografia em 1910 e, em 1986, cores artificiais permitindo que se perceba a temperatura. Por ocasião desta última passagem, foi possível ver o cometa de perto: as duas sondas soviéticas "Vega" e a sonda européia "Giotto" roçaram nele, e esta última até mesmo o "atravessou" a alguns quilômetros de seu núcleo.

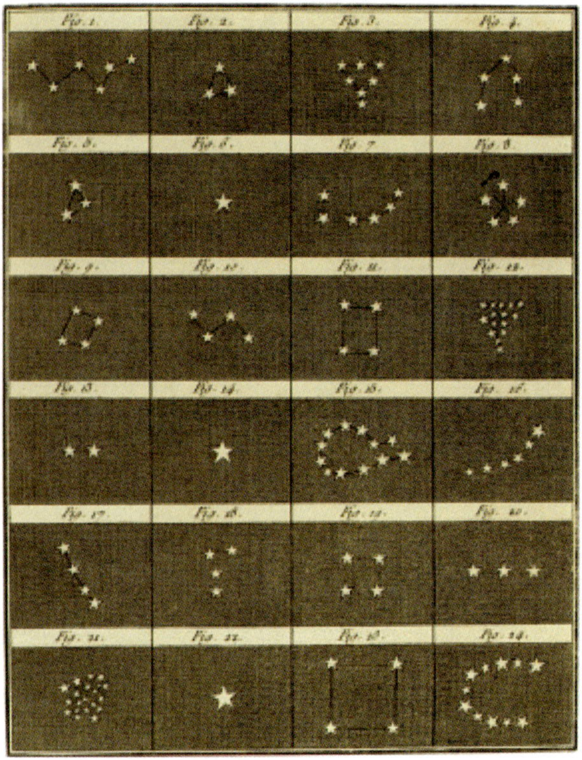

As representações do céu também evoluem. Ao desenhar a Grande Nebulosa de Orion, em 1774, Herschel representa da melhor forma possível o que ele vê em sua ocular. É uma forma vaga, borrada, indistinta: daí o nome de nebulosa, que identificará não somente esta categoria de objetos (as nuvens de gás e poeira de nossa galáxia), mas também tudo o que é vaporoso, impreciso, em particular as outras galáxias, como a nebulosa de Andrômeda. Em contrapartida, nesta reprodução posterior de desenhos antigos sobre "os lugares visitados pela Lua", cada estrela tem escrupulosamente cinco pontas...

E as aparições pontuais desse cometa, em 1835, 1910 e 1986, a cada vez vêm trazer de volta à memória dos homens aquele que, em 1705, escrevia: "...e se portanto ele reaparecer novamente, de acordo com nossa previsão, por volta do ano 1758, as gerações futuras se recordarão que é a um inglês que se deve essa descoberta..." Graças a Lacaille, as gerações futuras se recordam até mesmo de que este inglês se chamava Edmond Halley.

Vinte anos depois, um outro inglês descobre um outro cometa... ou pelo menos o que ele acredita ser um cometa!

William Herschel é com toda a certeza o modelo, quase o padroeiro, dos astrônomos amadores.

No final do século XIX, a fotografia veio socorrer os astrônomos: como teriam eles podido desenhar este campo de estrelas? Mesmo através de sua pequena luneta, Galileu já via na constelação de Orion muito mais estrelas do que teria podido desenhar. Na verdade, Orion não fica exatamente na Via Láctea, mas ainda assim existe nessa direção um braço espiralado de nossa galáxia e, portanto, milhões de estrelas de luz fraca. Esta fotografia cobre um campo maior que o desenho de Herschel, e a Grande Nebulosa é a mancha luminosa dupla situada perto da borda esquerda. Em frente a ela, próximas à borda direita, podemos distinguir as três estrelas do "boldrié" de Orion, estando a do alto mergulhada em uma outra nebulosa. Essas gigantescas nuvens de gás, que se tornam luminosas por causa das estrelas que contêm, são de um interesse primordial para a compreensão da evolução do universo e, em particular, do nascimento das estrelas.

Músico de seu estado natal, inicialmente numa força militar alemã, depois na estação de águas inglesa de Bath, ele toca oboé na orquestra, órgão na capela e dá aulas de música. Tudo isso, durante o dia. À noite, é astrônomo quando o céu está claro e óptico quando o céu está encoberto, pois ele próprio corta e dá polimento aos espelhos de seus telescópios (mais de duzentos espelhos!). Ninguém jamais conseguiu descobrir quando Herschel dormia...

Ele observa, sobretudo, fielmente ajudado por sua irmã Caroline, as estrelas: o que ainda haveria de novo no sistema solar? Herschel elaborou listas de estrelas duplas, de estrelas coloridas, de nebulosas.

Pequena mancha esmaecida no telescópio de Herschel, Urano revela poucos detalhes mesmo nas fotografias feitas de mais perto pela sonda "Voyager 2". É porque o planeta tem uma atmosfera espessa. Mas seus satélites, não, e revelam detalhes extraordinários.

Sua primeira descoberta importante, em 1774, foi a Grande Nebulosa de Orion, onde os astrofísicos modernos vêem um viveiro de estrelas nascentes.

No curso de sua exploração sistemática dos campos de estrelas, ele se depara com um objeto bizarro. No dia 13 de março de 1781, anota em seu registro "uma estranha estrela nebulosa, talvez um cometa". Nas noites seguintes, a coisa se desloca... Herschel então fica convencido de ter descoberto um cometa: no dia 26 de abril, faz uma comunicação à Sociedade Real de Londres intitulada *Account of a comet* (Relatório de um cometa).

Todos os astrônomos da Europa se põem a calcular os elementos da órbita elíptica muito alongada que o novo cometa deve descrever. Trabalho jogado fora. Ao final de alguns meses, são obrigados a se render à evidência: ele descreve uma órbita quase circular ao redor do Sol, uma trajetória duas vezes maior que a de Saturno. É um planeta.

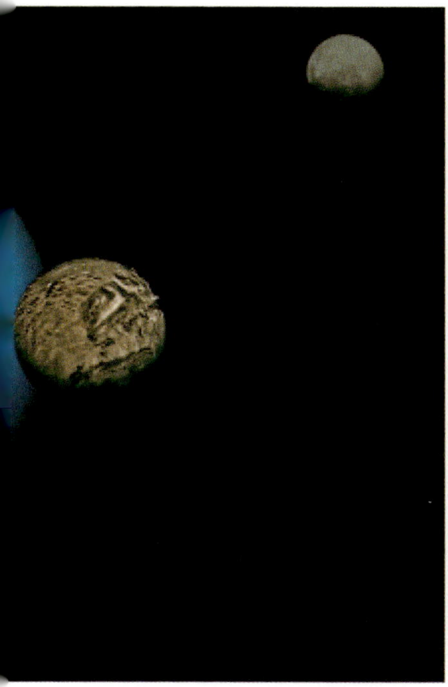

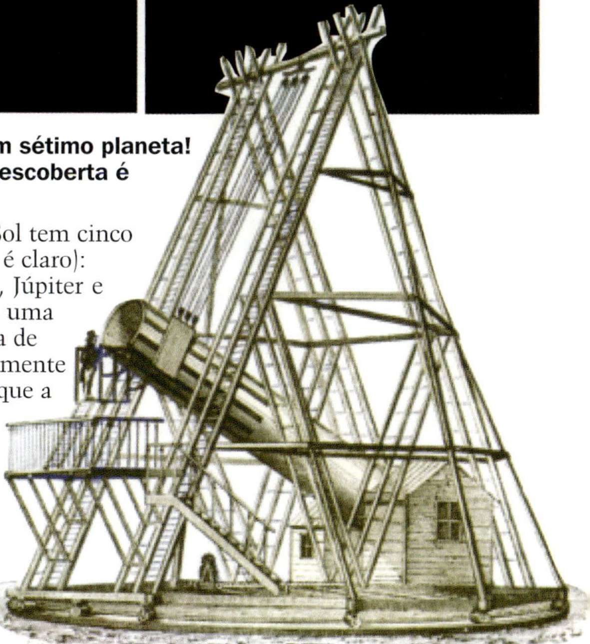

O Sol tem, portanto, um sétimo planeta! A repercussão dessa descoberta é inimaginável!

Desde a pré-história, o Sol tem cinco planetas (além da Terra, é claro): Mercúrio, Vênus, Marte, Júpiter e Saturno. É uma certeza, uma evidência, e a descoberta de uma segunda Lua dificilmente faria mais estardalhaço que a descoberta desse novo planeta!

Que nome se dará a ele? Os franceses propõem que lhe seja dado simplesmente o nome de Herschel... Já este prefere dar-lhe o nome

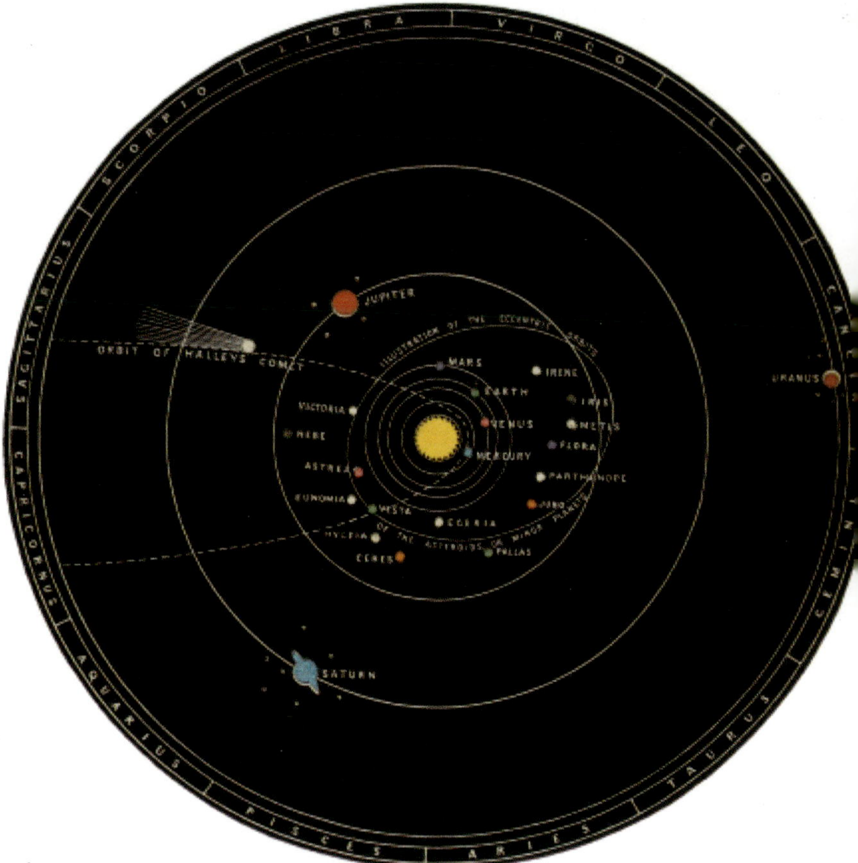

do rei George, que o nomeou astrônomo da corte, permitindo-lhe assim não mais fazer música, exceto para seu próprio prazer... Mas, finalmente, conserva-se a proposta do astrônomo alemão Bode: continuar a lista mitológica. Depois de Júpiter e Saturno, eis aqui, portanto, Urano (Urano personificava o "céu" na antiga mitologia grega).

Em toda a Europa, não se fala de mais nada, exceto de Urano... Por exemplo, é em honra ao novo planeta que um novo metal, descoberto alguns anos mais tarde, recebe o nome de urânio...

O sistema solar em 1835 (por ocasião da passagem do cometa de Halley). Desta vez, Urano se chama Urano — mas Netuno ainda não está lá. As irregularidades de Urano nos autorizam, contudo, a desconfiar da existência de um planeta ainda mais distante.

Contudo, o novo planeta não se comporta exatamente como deve...

Urano obedece a quase todas as leis de Newton... E esse "quase" estará na origem da mais surpreendente confirmação dessas leis!

As irregularidades de Urano tornam-se manifestas em 1821, por ocasião de uma atualização das tabelas listando os movimentos de todos os planetas. Nesse momento, desde sua descoberta, o planeta de Herschel ainda não percorreu a metade de sua órbita: ele precisa de 24 anos para completar seu percurso em torno do Sol. Mas, curiosamente, dispõe-se de observações mais antigas, remontando a 1690! De fato, vários astrônomos registraram a posição de uma "estrela" que — infelizmente para eles — não procuraram reencontrar no mesmo lugar no dia seguinte. Foi assim que Le Monnier observou Urano 12 vezes, sem jamais imaginar que tinha diante da ponta de sua luneta a imortalidade que disputava tão ferrenhamente com Clairaut...

De modo que se dispõe, portanto, em 1821, de posições registradas em três órbitas sucessivas. Ora, elas não obedecem exatamente às leis de Newton, mesmo que se leve em conta, além da atração do Sol, a dos outros planetas. Além disso, as tabelas publicadas em 1821 deixam de utilizar os dados anteriores à descoberta por Herschel e calculam a órbita a partir das observações feitas depois de 1781.

Que lástima! Em 1845, o planeta já está a dois minutos do arco da posição prevista por essas tabelas. Não se permite mais nenhuma dúvida: as tabelas são inexatas. Ou as leis de Newton têm algum erro, ou Urano sofre, além da atração do Sol e dos outros corpos celestes já conhecidos do sistema, a atração de um outro planeta, desconhecido e ainda mais distante. Será que é possível, a partir das perturbações constatadas, aplicar as leis de Newton "ao contrário" para detectar o planeta "responsável"? Teoricamente, sim. Mas os cálculos são monstruosos, muito mais extensos ainda do que os de Clairaut para o cometa Halley...

Urbain Le Verrier (1811-1877) publicou seu primeiro artigo de astronomia aos 20 anos de idade, quando acabara de entrar para a Politécnica. Foi Arago quem lhe sugeriu, em 1845, que estudasse as irregularidades de Urano. Por ocasião da morte de Arago, Le Verrier o substituiu como diretor do Observatório.

Em 1845, sem que um soubesse do trabalho do outro, o inglês Adams e o francês Le Verrier se dedicam a fazer o cálculo assustador que deveria — talvez — expor a existência de um novo planeta

Os cálculos duram cerca de um ano... Tendo começado antes, Adams chega primeiro ao fim e pede a alguns astrônomos ingleses para irem olhar se o planeta desconhecido está realmente lá onde ele calculou que deveria estar.

Mas Adams era um estudante, tinha pouco mais de 25 anos: seus correspondentes tinham outras coisas a fazer e deixam para mais tarde as observações que ele lhes pediu.

Le Verrier, por outro lado, já era um astrônomo conhecido. Quando envia os resultados de seus cálculos a Galle, em Berlim, este imediatamente posicionou sua luneta... e descobriu efetivamente, naquela mesma noite, uma estrela que não figurava na carta celeste mais moderna, publicada alguns dias antes...

"Senhor, o planeta cuja posição o senhor nos indicou realmente existe"

Estas foram as palavras exatas — sem equivalente na história — recebidas por Le Verrier no final de setembro de 1846.

Esse planeta é Netuno. E, uma vez publicada a descoberta de Le Verrier, é com desespero que se percebe, na Inglaterra, que o pobre coitado Adams havia indicado, com uma diferença mínima, a mesma posição algumas semanas antes!

Para nós, pouco importa finalmente que Le Verrier tenha precedido Adams ou que Adams tenha precedido Le Verrier. O que, contudo, importa muito, é que os dois homens tenham encontrado, com uma diferença realmente mínima, a mesma posição — e que o planeta desconhecido tenha sido encontrado ali! Para Newton, não é somente um triunfo, mas dois triunfos: um devido a Adams e outro a Le Verrier!

Sem dúvida, em 1846, ninguém mais duvidava que as leis de Newton de fato regessem a mecânica do sistema solar. Mas, mesmo assim, daí a inventar um planeta... e encontrá-lo logo em seguida na posição exata!

1666-1846: 180 anos depois do "ano maravilhoso", a macieira de Woolsthorpe dá sua mais bela maçã... Não será, diga-se de passagem, a última. Um século depois, as sondas de exploração irão acrescentar novos objetos ao sistema solar. Em 1989, a sonda Voyager, depois de ter visitado sucessivamente Júpiter, Saturno e Urano, vai passar a alguns milhares de quilômetros do planeta de Le Verrier. Depois, as missões Galileo e Cassini-Huyghens irão explorar os sistemas de Júpiter e Saturno e descobrirão novos satélites. Marte e Mercúrio estão programados para o ano de 2010.

Sem dúvida, as trajetórias dessas sondas são calculadas por computadores um bilhão de vezes mais rápidos do que era Hortense Lepaute... Mas as leis sobre as quais se baseiam seus cálculos são as mesmas: as leis de Newton.

O cosmonauta "flutuando" em órbita ou uma sonda roçando de leve um planeta — Júpiter ou Saturno, por exemplo — são submetidos somente à atração newtoniana. A da Terra mantém o cosmonauta em sua órbita, e quanto à sonda, é a atração do planeta em questão.

TESTEMUNHOS E DOCUMENTOS

Ombros de gigantes

No final de 1675, Newton enviou uma extensa carta à Sociedade Real de Londres descrevendo novas experiências relativas à luz, sobretudo aquela dos "anéis de Newton". Foi quando Hooke, consciente do fato de as relações entre ambos terem sido envenenadas por Oldenburg, lhe propôs manterem uma correspondência privada.

Tudo indica que a proposta não teve continuidade, além da resposta de Newton em que ele, de bom grado, reconhece sua dívida em relação a Descartes e ao próprio Hooke: "Se pude enxergar a tão grande distância, foi subindo nos ombros de gigantes..."

Carta de Hooke a Newton

Ao muito querido amigo,
Sr. Isaac Newton, na
Trinity College, Cambridge
em 20 de janeiro de 1676
Prezado senhor,

Ler sua carta, semana passada, na reunião da Sociedade Real, me fez pensar que o senhor, de uma ou de outra maneira, talvez tenha sido deliberadamente mal informado a meu respeito. Sobretudo tendo eu próprio sido vítima de detestáveis procedimentos desse tipo. Por isso tomei a liberdade – que creio admissível em matéria de filosofia – de pessoalmente lhe falar e dizer não concordar, de forma alguma, com disputas, brigas e controvérsias públicas, sendo apenas bem contrariado que me levariam a guerras desse gênero.

Acrescento que meu espírito avidamente busca – e de bom grado adota – toda verdade recém-descoberta, mesmo que se choque e contradiga noções e opiniões até então por mim consideradas verdadeiras. Por último, que dou o devido valor às suas demonstrações, sentindo-me extremamente feliz de ver se estabelecerem, com ganhos, idéias que abordei há tanto tempo, sem ter podido levar adiante o estudo. Em minha opinião, o senhor foi muito mais longe do que eu neste assunto: assim como diz que não poderia encontrar tema mais digno de suas reflexões, em minha opinião tal tema não poderia encontrar, para seu estudo, ninguém mais capaz do que o senhor, que tudo possui para completar, retificar e modificar meus estudos de juventude, tarefa que gostaria de ter podido cumprir pessoalmente se outras, mais urgentes, me houvessem permitido,

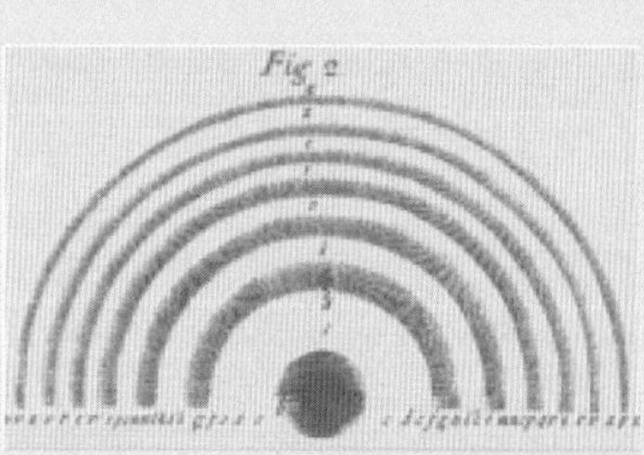

A *Óptica* de Newton, imagem.

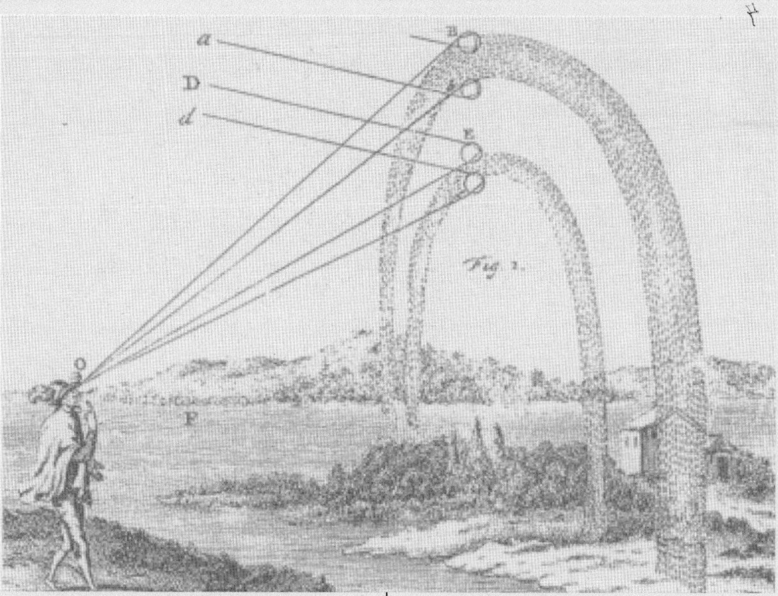

Formação de um arco-íris.

mesmo que com capacidades, tenho certeza, bem inferiores às suas.

Sua meta, creio, é a mesma que a minha, ou seja, a Descoberta da verdade, e suponho que ambos apreciamos ouvir objeçõcs, se estas não vêm imbuídas de declarada hostilidade. Da mesma maneira, acredito que nossos espíritos estejam igualmente dispostos a se inclinarem diante das deduções mais claras que o raciocínio possa tirar da experimentação. Se, em decorrência disso, lhe aprouver que mantenhamos sobre esse assunto uma correspondência privada, ficarei muito satisfeito. Quando, então, eu tiver tido o prazer de estudar com calma o seu excelente discurso (que não me esclareceu tanto ao ouvir sua leitura rápida), tomarei a liberdade de lhe enviar, se não estiver com isso me revelando ingrato, minhas objeções, se for este o caso, ou minha concordância, se me sentir convencido, o que é mais provável. Tal forma de discussão me parece mais filosófica que a outra, pois, mesmo que o choque entre dois sólidos adversários possa produzir luz, quando acionado por terceiros, tal choque produz também calor que só serve... para atear fogo à pólvora. Espero, caro senhor, que perdoe a franqueza deste seu humilde e dedicado servidor,

Robert Hooke

E a resposta de Newton

Cambridge, 5 de fevereiro de 1676
Prezado senhor,

Ao ler sua carta, fiquei encantado com sua atitude livre e generosa, acreditando que agiu como de fato convém a um verdadeiro espírito filosófico. O que mais temo, em

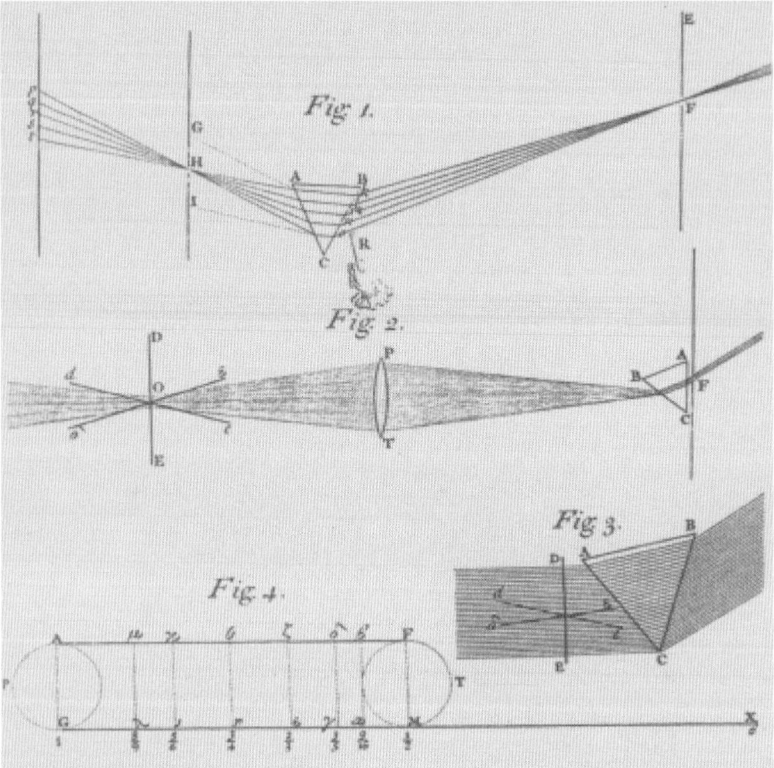

matéria de filosofia, é a controvérsia, sobretudo pelo canal da imprensa: por tal motivo aceito com alegria a proposta de correspondência particular. O que se diz diante de um público numeroso raramente se inspira na exclusiva intenção da verdade, enquanto as relações pessoais entre amigos se assemelham mais a uma conversa do que à controvérsia. Espero, pois, que assim ocorra entre nós. Suas observações serão, desse modo, absolutamente bem-vindas, apesar de não ter mais por esse tema – e talvez nunca mais o recupere – prazer suficiente para ainda lhe dedicar meu tempo. Entretanto, ter no imediato e de forma breve as objeções mais fortes e mais pertinentes que possa haver, isto sim, certamente desejo e não conheço quem esteja mais qualificado do que o senhor para apresentá-las. Ficarei muito grato por isso. E se houver o que for, em meus escritos, que lhe pareça presunçoso ou injusto com relação ao senhor, se fizer o favor de manter tais sentimentos em uma carta pessoal, espero que haverá de também constatar que não sou um apaixonado pelas produções filosóficas a ponto de não poder voltar atrás diante da justiça e da amizade.

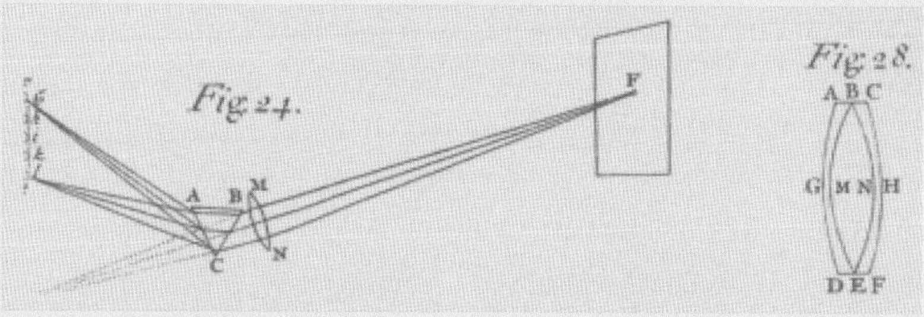

Mas o senhor valoriza sobremaneira minhas capacidades. O trabalho de Descartes constituiu um enorme passo adiante. O senhor inclusive muito acrescentou a ele, e de diversas maneiras, sobretudo ao estudar, de maneira filosófica, as cores das lâminas finas. Se pude enxergar a tão grande distância, foi subindo nos ombros de gigantes. Não tenho dúvida de que dispõe de vários experimentos importantíssimos, além dos que foram publicados. Alguns, provavelmente, semelhantes aos que constam do meu último texto. Há pelo menos dois que sei que o senhor certamente fez: a observação da dilatação dos anéis coloridos, quando olhados obliquamente, e a aparição de um ponto negro no contato de dois vidros convexos, assim como no topo de uma bolha. E com certeza há outros, assim como outros ainda que não realizei. Tenho, então, pelo menos iguais motivos para reverenciá-lo quanto o senhor a mim, sobretudo se considerarmos as dispersões que os negócios lhe impõem.

Mas basta de tudo isso. Sua carta meu deu a oportunidade para lhe perguntar sobre a observação, que o senhor me propõe fazer, da passagem de uma estrela na proximidade do zênite. Voltei de Londres alguns dias antes do que disse, pois devia encontrar um amigo em Newmarket, e assim faltei a suas informações. Passei em sua casa um ou dois dias antes de partir, mas não o encontrei. Então, se ainda desejar que se faça essa observação, basta enviar suas instruções a este seu humilde servidor,

Isaac Newton

A refração da luz, imagens da *Óptica*.

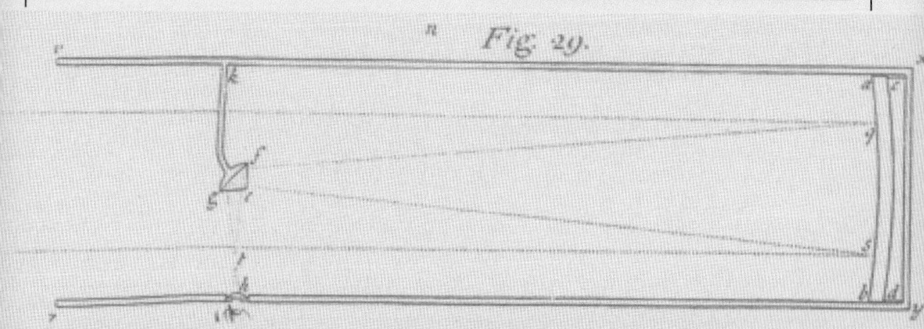

Descartes e Newton vistos por Voltaire

Voltaire dedicou a 14ª das suas Cartas inglesas *à comparação da vida e da glória de Descartes às de Newton: mal podemos imaginar destinos tão diversos... Mas a admiração de Voltaire pela Inglaterra, que lhe dera asilo, e por seu herói nacional, Newton, não o impediram de reconhecer o que se devia a Descartes: os "ombros de gigantes", sobre os quais Newton subiu para enxergar tão longe, foram, sobretudo, os de Descartes.*

Décima quarta carta sobre Descartes e Newton

Um francês que chegue a Londres encontra muitas coisas bem diferentes em Filosofia como em todo o restante. Ele saiu do mundo pleno e encontra o vazio. Em Paris, vê-se o universo composto por turbilhões de matéria sutil; em Londres, nada disso se vê. Para nós, o fluxo marítimo é causado pela pressão da lua; para os ingleses, é o mar que gravita em direção à Lua, de forma que, quando se acha que a lua estaria provocando a maré alta, os cavalheiros daqui acham que se deve ter a maré baixa. E nada disso, infelizmente, pode ser verificado, pois seria necessário, para o esclarecimento, o exame da Lua e das marés no primeiro instante da criação.

Pode-se observar ainda que o Sol, que na França em nada participa disso tudo, contribui aqui para mais ou menos um quarto de sua importância. Para os franceses cartesianos, tudo se dá por um impulso que não se compreende bem; já na casa do Sr. Newton, é por uma atração cuja causa, aliás, não é das mais conhecidas. Em Paris, você imagina a Terra feita como um melão; em Londres, ela é achatada dos dois lados. A luz, para um cartesiano, está no ar; para um newtoniano, vem do sol, em seis minutos e meio. A química francesa cumpre todas as suas operações com ácidos, álcalis e matérias sutis; a atração é a força dominante também na química inglesa.

A própria essência das coisas muda totalmente. Não há acordo quanto à definição da alma nem da matéria. Descartes garante que a alma é igual ao pensamento, e Locke, bastante bem, prova-lhe o contrário.

Descartes também afirma que apenas a extensão faz a matéria; Newton a ela acrescenta a solidez. São furiosas contradições. [...]

Esse famoso Newton, destruidor do sistema cartesiano, morreu no mês de março do ano passado, 1727. Viveu com as honras que lhe deram seus compatriotas, e foi enterrado como um rei que tivesse feito todo o bem para os súditos.

Leu-se, por aqui, com avidez e logo se traduziu para o inglês o elogio que o Sr. de Fontenelle pronunciou na

Academia de Ciências, homenageando o Sr. Newton. O parecer do Sr. de Fontenelle era aguardado, na Inglaterra, como uma declaração solene da superioridade da filosofia inglesa. Quando se viu, porém, que ele comparava Descartes a Newton, a Sociedade Real de Londres em peso entrou em agitação. Em vez de concordarem com o julgamento, seus membros criticaram o discurso. Vários deles (e não os mais filósofos) ficaram chocados com a comparação, apenas porque Descartes era francês.

Devemos confessar que os dois grandes homens foram bem diferentes um do outro em suas maneiras de agir, em suas fortunas e em suas filosofias.

Descartes nasceu com uma imaginação viva e forte que o tornou um homem singular em sua vida privada, tanto quanto na maneira de raciocinar. Tal imaginação não consegue se esconder nem nas obras filosóficas, em que, o tempo todo, surgem engenhosas e brilhantes comparações. A natureza fez dele quase um poeta, e, de fato, ele compôs para a rainha da Suécia um *divertissement* em versos que não chegou a ser impresso, para o bem de sua memória.

Por algum tempo, ele igualmente experimentou a profissão da guerra, e depois, tornando-se totalmente filósofo, nunca achou ser indigno fazer amor. Com sua amante, teve uma filha chamada Francine, que morreu cedo e ele lamentou muito essa perda. Isso para dizer que Descartes passou por tudo o que tenha a ver com a condição humana.

Acreditou, por bastante tempo, ser necessário se afastar das pessoas e, sobretudo, da pátria para filosofar mais livremente. E tinha razão: os homens de seu tempo pouco sabiam que o esclarecesse, e só eram capazes de lhe causar prejuízos.

Frontispício alegórico de *Eléments de la philosophie de Newton*, da Sra. du Châtelet.

Ele deixou a França por procurar a verdade, que ali vinha sendo maltratada pela miserável filosofia escolástica, mas sem também encontrar a razão nas universidades da Holanda, onde se retirou. Pois naquele tempo em que na França se condenavam os argumentos verdadeiros de sua filosofia, ele foi também perseguido por pretensos filósofos da Holanda, que não o entendiam mais que os franceses e que, assistindo mais de perto à sua glória, mais odiavam sua pessoa. Descartes foi obrigado a deixar Utrecht, acusado de ateísmo, que é o último recurso dos caluniadores. E ele, que empregara toda a sagacidade de seu espírito buscando novas comprovações da existência de algum Deus, foi suspeito de não o reconhecer em absoluto.

Tantas perseguições pressupõem um enorme mérito e uma fama ofuscante – e ele gozava tanto de um quanto da outra. A razão conseguiu um pouco atravessar as trevas da escolástica e os preconceitos da superstição popular. Seu renome começou a fazer tal alarde que se quis, com recompensas, trazê-lo de volta à França. Propuseram-lhe uma pensão de mil escudos e ele fez a viagem com essa esperança, pagou os custos da patente profissional que naquela época se era obrigado a comprar, não ganhou pensão alguma e voltou a filosofar na solidão do norte da Holanda, na mesma época em que o grande Galileu, aos 80 anos de idade, gemia em prisões da Inquisição, por ter demonstrado o movimento da Terra. Descartes acabou morrendo em Estocolmo, uma morte prematura, causada por um regime funesto. Morreu entre alguns homens de ciência adversos a ele e nas mãos de um médico que o odiava.

A carreira do Cavaleiro Newton foi bastante diversa. Viveu por 85 anos, sempre tranqüilo, feliz e homenageado em sua pátria. Sua maior felicidade foi a de não apenas nascer em um país livre, mas em uma época em que as impertinências escolásticas já haviam sido banidas e se cultivava exclusivamente a razão. O mundo seria seu discípulo, e não seu inimigo.

Uma diferença singular que se encontra entre Newton e Descartes é a de que, no decorrer de taõ longa vida, Newton não teve paixões nem fraquezas. Jamais se aproximou de qualquer mulher – foi o que me confirmou o médico cirurgião em cujos braços ele morreu. Pode-se admirar tal particularidade em Newton, mas nem por isso se deve criticar Descartes. A opinião corrente na Inglaterra é a de que o primeiro foi um sonhador, enquanto o outro era um sábio.

Pouquíssimas pessoas em Londres lêem Descartes, pois, efetivamente, suas obras se tornaram inúteis; pouquíssimos também lêem Newton, pois precisa-se de uma sólida base para a sua compreensão. No entanto, todo mundo fala deles: nada se concede ao francês e tudo se dá ao inglês. Alguns acham que, se não temos mais pavor diante do vazio, se sabemos que o ar pesa e se usamos binóculos, é a Newton que devemos tudo isso. Ele aqui é como Hércules na fábula, a quem os ignorantes atribuem todos os feitos dos outros heróis. Em uma crítica feita em Londres ao discurso do Sr. de Fontenelle, atreveram-se a dizer que Descartes não foi muito bom geômetra. Quem diz tais coisas pode ser acusado de bater na própria ama-de-leite: do ponto em que encontrou a geometria até aquele em que a deixou, Descartes deu um passo tão grande quanto o que Newton avançou, em seguida. Ele foi o primeiro a encontrar como formular equações algébricas para as curvas. A geometria – que graças a ele se tornou hoje em dia comum – era naquele tempo tão profunda que professor algum se atrevia a explicar. Havia, na Holanda, apenas Schooten e, na França, Fermat que entendessem disso.

Descartes levou esse espírito geômetra e inventivo à dióptrica, que se tornou, em suas mãos, uma arte totalmente nova. E, se eventualmente cometeu algum engano, foi porque o descobridor de novas terras não pode de imediato conhecer suas propriedades: os que vêm depois e tornam férteis essas terras lhe devem, no mínimo, o favor da descoberta. Não nego que todas as demais obras do Sr. Descartes estão cheias de erros. A geometria era um guia que ele próprio, de certa maneira, formou, e certamente lhe teria servido na física; mas ele, entretanto, finalmente abandonou esse guia e se entregou ao espírito de sistema. Sua filosofia, então, se tornou um engenhoso romance, no máximo verossímil para os ignorantes. Ele se enganou no que se refere à natureza da alma e às provas da existência de Deus; se enganou no tocante à matéria, às leis do movimento, à natureza da luz. Admitiu idéias inatas, inventou novos elementos, criou um verdadeiro mundo e talhou o homem à sua moda. Com razão dizem que o homem de Descartes é apenas o de Descartes, distante do homem de verdade.

Ele encaminhou seus erros metafísicos até o ponto de pretender que dois e dois só fazem quatro porque Deus assim o quis. Mas não é exagero dizer que ele é respeitável inclusive em seus desvios. Enganou-se, mas pelo menos foi com método, e com espírito conseqüente. Destruiu as quimeras absurdas com que se fartava a juventude há 2 mil anos e ensinou os homens de seu tempo a raciocinar e a utilizar – contra ele próprio – suas armas. Se ele não pagou com boa moeda, foi de tanto depreciar a falsa. Não creio que se possa, na verdade, em nada comparar sua filosofia à de Newton: a primeira é um ensaio, e a segunda, uma obra-prima. Mas quem nos pôs no caminho da verdade deve valer tanto quanto quem, depois, chegou aos extremos dessa carreira. Descartes deu visão aos cegos: eles viram os erros da Antigüidade e os seus. A estrada que abriu se tornou, desde então, imensa. O pequeno livro de Rohaut (que adaptou o método cartesiano) durante algum tempo resumiu toda a física; hoje em dia, nem todos os compêndios das academias européias completam um sistema: ao ser aprofundado, o abismo se revelou infinito. Trata-se, agora, de descobrir o que o Sr. Newton escavou nesse precipício.

Voltaire,
Cartas inglesas

Dois tradutores: uma marquesa e um líder da Revolução

Como se sabe, foi Emilie du Châtelet, marquesa na hierarquia nobiliárquica, amante de Voltaire, mulher excepcional naquele tempo em que apenas mulheres excepcionais tinham acesso ao saber, que traduziu para o francês os Principia *de Newton. É menos conhecido o fato de a outra grande obra de Newton,* Opticks*, ter sido traduzida por Jean-Paul Marat, "o Amigo do Povo", aquele mesmo que Charlotte Corday assassinou na banheira. São dois destinos fora do comum...*

O homem que queria ser cientista

Jean-Paul Marat nasceu em 24 de maio de 1743, em Boudry, no cantão de Neuchâtel, na Suíça... O pai era um modesto artesão de origem espanhola. Foi no colégio de Neuchâtel que Jean-Paul Marat começou a estudar. Em 1760, se tornou preceptor dos filhos do negociante Paul Nairac, em Bordeaux, na França, e depois foi para Paris, em 1762.

Foi provavelmente nessa época que começou a praticar medicina. Três anos depois, foi para Londres, onde viveu de seus talentos médicos. No entanto, somente dez anos mais tarde, em 30 de junho de 1775, obteve o diploma de doutor em medicina pela Universidade de Saint-Andrews. Voltou para Paris em 1776...

Em Paris, a sorte lhe sorriu através da marquesa de Laubespine. Chamado à sua cabeceira, salvou-a, após vários médicos a terem declarado um caso perdido. A façanha foi logo recompensada. A marquesa se mostrou grata a ponto de, provavelmente, ter tornado Marat seu amante. O marquês, igualmente grato, recomendou-o ao conde d'Artois...

Apesar de todos esses sucessos, Marat não conseguiu que a Academia publicasse seu *De nouvelles expériences, servant à perfectionner la théorie de Newton sur les couleurs, ou plutôt à en établir une nouvelle* [Novas experiências servindo para aperfeiçoar a teoria de Newton sobre as cores, ou melhor, a estabelecer uma nova teoria], em que não hesita em criticar Newton.

De maneira geral, em sua crítica das experiências de Newton, [...] Marat implicitamente sublinha que aquelas experiências foram, mais do que simples observações, construções realizadas a partir de uma certa concepção teórica... Ele escreveu: "É pena, e muito estranho, que Newton sempre tenha escolhido, para observar o jogo da luz, pontos de vista que não lhe permitiam perceber a ilusão dos fenômenos."

Em 1785, convencido de estar sendo perseguido pelo "charlatanismo acadêmico", Marat publicou sua nova tradução da *Óptica* de Newton, sem seu nome. A tradução foi aprovada pela Academia – prova de que Marat não estava errado se sentindo no ostracismo.

Mesmo não sendo tão "literal" quanto a de Coste [tradução canônica publicada em 1720], a tradução de Marat de maneira alguma alterou o conteúdo do texto newtoniano e, às vezes, obteve melhores resultados ao se distanciar de formulações ao pé da letra do original.

Michel Blay,
"Études sur l'optique newtonienne",
em Isaac Newton, *Optique*, trad. Jean-Paul Marat,
Christian Bourgois, 1989

Aquela que sabia mais do que os homens mais sábios

A tradução que os homens mais sábios da França deveriam ter feito – e os outros estudado – foi empreendida e terminada por uma dama, para espanto e glória de seu país. Gabrielle-Emilie de Bréteuil, esposa do marquês du Châtelet...

Já seria muito, para uma mulher, conhecer a geometria ordinária, que sequer serviria como introdução às verdades sublimes ensinadas nessa obra imortal; sente-se, todavia, ter sido necessário que a senhora marquesa du Châtelet estivesse bastante adiantada no caminho aberto por Newton e dominasse o que o grande homem ensinou. Assistimos a dois prodígios: o primeiro, que Newton tenha realizado tal obra, e o outro, que uma dama a tenha traduzido e esclarecido.

A bondade de seu espírito fez da senhora du Châtelet uma inimiga dos partidos preexistentes e dos sistemas, e por isso ela se entregou inteiramente a Newton. De fato, Newton nunca montou um sistema, nunca supôs o que fosse, não ensinou verdade alguma que não se fundasse na mais sublime geometria ou em experiências incontestáveis. [...] Tudo que aqui se estipula como princípio é, de fato, digno desse nome: são as primeiras forças da natureza, desconhecidas antes dele, e ninguém mais pode se dizer físico sem conhecê-las. [...]

A senhora du Châtelet prestou um duplo favor à posteridade, traduzindo o livro dos Princípios e enriquecendo-o com um comentário. É bem verdade que a língua latina em que foi escrito é conhecida por todos os homens de ciência, mas é sempre cansativo ler coisas abstratas em língua estrangeira. O latim, aliás, não tem termos para explicar as verdades matemáticas e físicas que os antigos desconheciam. Foi preciso que os modernos criassem novas palavras para dar conta dessas novas idéias – é um grande inconveniente nos livros de ciência, e devemos confessar que não tem mais porquê escrever tais livros em uma língua morta à qual precisamos sempre acrescentar expressões desconhecidas na Antiguidade, e que podem causar dificuldades. O francês, que se tornou a língua corrente da Europa e se enriqueceu com todas essas novas e necessárias expressões, é bem mais apropriado do que o latim para fazer circularem pelo mundo todos esses novos conhecimentos.

Voltaire,
Elogio histórico da marquesa du Châtelet

Newton alquimista

"Newton não foi o primeiro representante da idade da razão, mas sim o último dos magos, o último babilônio, o último sumério, o último grande espírito capaz de contemplar o mundo visível e o mundo intelectual com os olhos daqueles que, há menos de 10 mil anos, começaram a construir nossa herança intelectual."

Cientista ou mago?

O autor dessa opinião à contracorrente da comum, que aponta Newton como o "pai da razão", não foi ninguém menos que John Maynard Keynes, o famoso economista que, em 1936, comprou em leilão os manuscritos de Newton tratando de alquimia e de teologia que a Universidade de Cambridge não quisera comprar cinqüenta anos antes, por não considerá-los científicos.

Newton, um mago. Por que usei esta palavra? Porque ele considerou o universo e tudo o que nele se inclui como um enigma, um segredo que pode ser lido caso se aplique o puro pensamento a certos sinais, a certos indícios místicos que Deus teria disposto no mundo. Seria uma espécie de caça ao tesouro dirigida à confraria dos esotéricos. Newton achava que tais indícios deviam ser buscados naquilo que o céu mostra e na constituição dos elementos (daí a falsa imagem que o experimentador vindo do campo da filosofia natural faz disso), e também em certos escritos e certas tradições que remontam, em sucessão ininterrupta, à revelação críptica original da antiga Babilônia. Para Newton, o universo era um criptograma estabelecido pelo Todo-Poderoso...

John Maynard Keynes, citado por Betty Jo T. Dobbs, *The Foundations of Newton's Alchemy or "The Hunting of the Greene Lyon"*, Cambridge University Press, 1975

Newton, o rebelde

Foi preciso toda a autoridade intelectual de Keynes (que não era historiador das ciências nem físico, é bom lembrar)

Desenhos "alquimistas" de Newton.

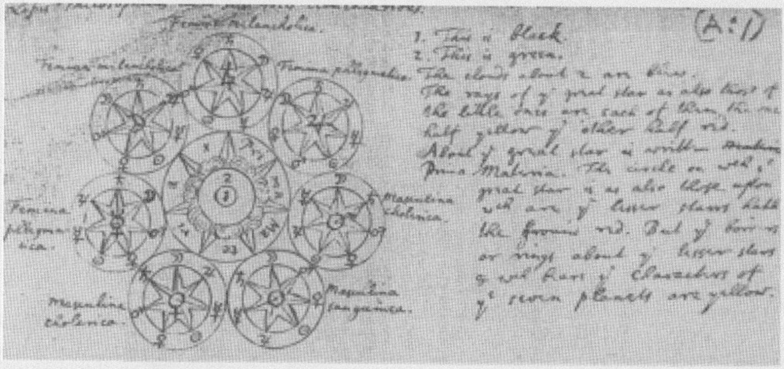

para trazer ao primeiro plano essa parte vergonhosa da obra de Newton de que o establishment *científico não quisera, até então, ouvir falar... Hoje em dia, entretanto, considera-se que a obra alquimista de Newton, além de não ser estranha a seus trabalhos "científicos" (o que insinua Keynes, que inverte a ordem de preeminência), é indissociável deles. Richard Westfall, autor de uma biografia científica de Newton que se tornou obra de referência, se refere, nesse sentido, à "rebelião".*

Deve-se ver, creio, o interesse de Newton pela alquimia como uma manifestação de rebelião contra os limites em que o pensamento mecanicista aprisionou a filosofia natural. Se admitirmos que toda a sua vida foi orientada em direção à busca da verdade, não podemos esperar que aquele primeiro amor o deixasse definitivamente satisfeito. A filosofia mecânica talvez houvesse sucumbido a suas iniciativas um tanto facilmente demais. Insatisfeito, Newton continuou a busca e encontrou na alquimia e nas filosofias afins uma nova amante, dona de infinita engenhosidade, que parecia nunca ceder totalmente. Enquanto outras o acabavam enfastiando, com ela, o apetite vinha ao comer. Newton cortejou-a com ardor por mais de trinta anos.

Talvez a palavra "rebelião" seja forte demais e se devesse falar de rebelião parcial. Newton jamais deixou seu primeiro amor. Ele, na verdade, nunca deixou de ser, fundamentalmente, um filósofo mecanicista. Manteve-se sempre persuadido de que as partículas de matéria em movimento constituem a realidade física. Mas, enquanto os filósofos mecanicistas de estrita obediência sustentavam ser a realidade física constituída exclusivamente por partículas de matéria em movimento, Newton, pessoalmente, desde cedo achou tais categorias restritivas demais para englobar e explicar a realidade da natureza. A alquimia teve um papel essencial em seu percurso intelectual, abrindo-lhe novas perspectivas, novas categorias que se acrescentaram e completaram as categorias mecanicistas demasiado estreitas.

Richard S. Westfall, *Never at Rest. A Biography of Isaac Newton*, Cambridge University Press, 1980

O retrato de Newton por Fontenelle

Eleito associado estrangeiro da Academia Francesa de Ciências em 1699, Newton teve direito, em 1727, ao elogio fúnebre oficial pronunciado pelo secretário da Academia, Bernard le Bovier de Fontenelle. Depois de brevemente evocar os anos de formação de Newton, Fontenelle expôs demoradamente seus trabalhos, insistindo talvez um pouco mais na óptica do que na gravitação... Terminou seu discurso com um retrato de Newton, nos planos físico e moral, que é um modelo no gênero: bem perspicaz quem conseguir dizer se a ironia que perpassa é intencional ou não!

Ele tinha uma altura medíocre, tendo ganhado um certo peso nos últimos anos. O olho era bem vivo e penetrante; a expressão agradável e, ao mesmo tempo, venerável, principalmente quando retirava a peruca e deixava à mostra uma cabeleira inteiramente branca, longa e basta. Nunca usava óculos, e perdeu apenas um único dente em toda a sua vida. Seu renome deve justificar que se dêem tais detalhes.

Era suave de nascença e com um grande amor pela tranqüilidade. Teria preferido ser desconhecido, em vez de ter a calma de sua vida perturbada por borrascas literárias que o espírito e a ciência atraem para quem se alça demais. Pode-se ver em uma de suas cartas do *Commercium epistolicum* que, com o tratado de óptica já pronto para a impressão, objeções prematuras se armaram e o levaram a abandonar o projeto, naquele momento. Ele assim se justificou:

"Eu condenaria a imprudência de perder algo tão real quanto o repouso, correndo atrás de uma sombra." Mas a tal sombra não lhe escapou mais tarde. Não custou o tão estimado repouso e adquiriu teor de realidade igual ao do repouso propriamente.

A maneira suave conduz naturalmente à modéstia, e comprovou-se que a sua se conservou inalterada, apesar de todo mundo conspirar contra ela. Ele nunca falava de si nem dos outros, nunca agia de maneira a que quem o observasse, por mais malicioso, pudesse suspeitar do mínimo sentimento de vaidade. É verdade que lhe pouparam bastante a tarefa de gabar a si mesmo, mas quantos outros teriam, mesmo assim, deixado de assumir tal tarefa, em geral assumida tão facilmente e para a qual é tão difícil depender de alguém! Quantos grandes homens amplamente aplaudidos não estragaram o concerto dos elogios juntando suas próprias vozes!

Ele era simples, afável, sempre no mesmo nível que todo mundo. Os gênios de primeira grandeza nunca desprezam o que têm abaixo, enquanto os demais desprezam até o que têm

A tumba e o monumento funerário de Newton na abadia de Westminster (desenho acima) foram desenhados pelo arquiteto William Kent e esculpidos por John Michael Rysbrack.

acima. Nem pelo mérito nem pela reputação ele se achava dispensado de qualquer um dos deveres das relações ordinárias da vida. Não trazia qualquer singularidade – fosse natural ou afetada: sabia ser apenas, quando preciso, um homem comum.

Apesar de ligado à Igreja Anglicana, não perseguiu os não-conformistas para trazê-los a ela. Julgava os homens por seus costumes, e, para ele, os verdadeiros não-conformistas eram os inescrupulosos e os maus. Não que se limitasse, todavia, à religião natural: estava persuadido quanto à revelação e, dentre os livros de todo tipo que incessantemente tinha às mãos, o que mais assiduamente lia era a Bíblia.

A abundância em que se encontrava, tanto por seu grande patrimônio quanto por sua aplicação, acrescida ainda pela inspirada simplicidade de sua vida, não lhe oferecia inutilmente os meios de proporcionar o bem. Ele não achava que dar por testamento fosse dar – por isso, não deixou testamento, e se despojou todas as vezes que praticou liberalidades beneficiando seus parentes ou aqueles que ele sabia atravessarem alguma necessidade. As boas ações que fez, de ambas as espécies, não foram raras nem pouco consideráveis. Quando, em certas ocasiões, os bons costumes exigiam despesa e aparato, ele era magnífico sem se lamentar e de muito bom grado. Afora isso, todo esse fausto que só parece grande aos pequenos espíritos era severamente eliminado e os fundos reservados para usos mais sólidos. Seria de fato um prodígio que um espírito acostumado à reflexão, nutrido pelo raciocínio, se interessasse, ao mesmo tempo e apaixonadamente, pela vã magnificência.

Ele não se casou e talvez nunca tenha estado livre para pensar nisto; mergulhado primeiramente em estudos profundos e contínuos, na força da idade, e ocupado, em seguida, com o peso do seu encargo e seu grande prestígio. Tais atividades não lhe deixavam vazio algum na vida nem necessidade de qualquer convívio doméstico.

Ele deixou em bens móveis cerca de 32 mil libras esterlinas, ou seja, 700 mil libras em dinheiro francês. Seu concorrente Leibniz também morreu rico, mas bem menos e com um somatório de reserva bastante considerável. Esses exemplos raros, e ambos estrangeiros, parecem merecer que não os esqueçamos.

Fontenelle

O cenotáfio de Newton

Em A Cidade Geométrica, *Jean Starobinski analisou um dos projetos mais espantosos da história da arquitetura, imaginado por Etienne-Louis Boullée, em 1784. O projeto, intitulado "Cenotáfio de Newton", nunca se realizou. Constituiu uma espécie de homenagem sonhada da arquitetura àquele que iluminou a humanidade revelando-lhe – e muito singularmente aos arquitetos – que a geometria é a linguagem da razão.*

A geometria é a linguagem da razão no universo dos signos.

Ela retoma todas as formas em seu início – em seu princípio – no nível de um sistema de pontos, de linhas e de proporções constantes. Todo acréscimo, toda irregularidade parece ser, a partir de então, a intrusão do mal: os homens da cidade utópica não querem o supérfluo...

Assim são o urbanismo e a arquitetura com que se contentam, um tanto sumariamente, os escritores utopistas e os reformistas de pijama. Mas e os arquitetos? E os profissionais? Vêem-se alguns que, por sua vez, também se deixam convencer e praticam em seus projetos – e, às vezes, em construções realizadas – o mesmo tipo de retorno à geometria. Em sua inspiração monumental, que para nós assume o aspecto de um sonho, eles se proíbem caprichosamente sonhar: é a simplicidade, a grandeza e o puro gosto que os transportam. O sonho e a imaginação, como se vê, tendem a subtrair e a apagar – mais do que a multiplicar – as invenções de detalhe... "O círculo e o quadrado", escreveu Ledoux [arquiteto do século XVIII, conhecido sobretudo pelas salinas de Arc-et-Senans], "são as letras alfabéticas que os arquitetos empregam na textura das melhores obras"...

Sombras e luzes

Dessa arquitetura enamorada pela simplicidade, só estamos dando, no entanto, uma imagem simplificada... No projeto do cenotáfio de Newton, Boullée colocou no centro da imensa esfera uma representação do sol: seria à centralidade de um princípio luminoso, ao irresistível de seus raios que devia se subordinar toda a obra. Mas o próprio Boullée, desejoso de exprimir a "imutabilidade", sonhou rivalizar com as pirâmides e os hipogeus dos egípcios, e definiu, em seus projetos, as condições de uma "arquitetura enterrada" e de uma "arquitetura das sombras". Querendo suscitar a envolvente tristeza tão cara a seus contemporâneos, ele imitou "o que há de mais sombrio na natureza". Tudo se passa como se a aresta retilínea dos prédios maciços, separando estritamente a face luminosa da face de sombra, convidasse Boullée a dar uma atenção no mínimo igual às possibilidades

da luz e às da sombra... No novo espírito da arquitetura geométrica, a oposição prevalecia: o rigor absoluto das formas desenhadas pela razão engendrava massas de sombras homogêneas. Volumes em que a noite permaneceria presa, área de domínio, pela maestria e pela determinação, do desenho linear. Mas se pressente que a sombra – assim liberta, purificada, concentrada – poderia causar secessão, constituindo um reino à parte...

Voltar aos princípios

Para muitos contemporâneos de Boullée, recorrer aos princípios [o título da grande obra de Newton é *Princípios matemáticos da filosofia natural...*] era o indício de uma nova época: o saber rigoroso e a ação fundamentada nesse saber suplantavam uma era, então ultrapassada, de imaginação, de invenção, de desabrochar das artes... Citemos algumas linhas de Rabaut Saint-Etienne, bem características disso: "Faz parte da marcha do espírito humano que o século da filosofia obrigatoriamente suceda ao das belas-artes. Começamos imitando a natureza e acabamos estudando-a: observam-se, de início, os objetos e, em seguida, buscam-se os princípios..."

Jean Starobinski,
1789, Les emblèmes de la raison,
Gallimard, 1973

Esse projeto utopista de cenotáfio para Newton, elaborado no século XVIII pelo arquiteto Boullée, nunca foi realizado.

Newton e os poetas

Muito rapidamente, Newton foi cultuado, como nenhum outro anteriormente, pelos poetas que não hesitaram de identificá-lo com a Natureza e até assemelhá-lo a Deus. A esse excesso de glória, é claro, sucedeu um excesso de infâmia. Newton, então, apareceu na poesia romântica como "o filósofo", aquele que rompeu o charme, decompôs o arco-íris em números, dissecou a imaginação, substituiu a emoção e o mistério pelas leis da razão...

A Natureza e suas leis estavam ocultas
Deus disse: Faça-se Newton, e tudo se
tornou luz.

Alexander Pope

Confidentes do Altíssimo, substâncias
eternas,
Que queimam com seu fogo e cobrem
com suas asas
O trono em que seu mestre entre
vocês está sentado,
Digam: do grande Newton não tinham
inveja?
O mar ouve a sua voz e vejo o úmido
império
Erguer-se, crescer em direção ao céu
que o atrai:
Mas um poder central interrompe os
seus esforços;
O mar cai, se estende e se espalha até
suas margens.
Cometas temíveis como o trovão,
Deixem de assustar os povos da Terra;
Em uma imensa elipse terminem o
seu curso;
Subam, voltem para junto do astro dos
dias;
Lancem seus fogos, voem, e sempre
retornando,
Dos mundos esgotados reanimem a
velhice.
E você, irmã do Sol, astro que, nos
céus,
Dos sábios deslumbrados enganava o
fraco olhar,
Da sua carreira Newton marcou os
limites;
Ande, ilumine as noites, suas fases
foram prescritas.
[...]
Deus fala e o caos se dissipa à sua voz:
Para um centro comum tudo gravita ao
mesmo tempo.
Esse tão poderoso motor, alma da
natureza,
Estava oculto na noite obscura;
O compasso de Newton, medindo o
universo,
Levantou enfim o grande véu e os céus
se abriram...

Voltaire, *Épître LI* (trecho), 1736

e, quanto ao sábio,
Que o capim e o cardo raivoso façam
Guerra às têmporas dele.
Todos os encantos não se rompem
Ao simples contato da fria filosofia?
Havia um arco-íris que antes
venerávamos no firmamento:
Conhecemos sua trama, sua textura; agora consta
No vulgar catálogo das coisas comuns.
A filosofia há de podar as asas do anjo.
Conquistar todo mistério pela regra e pela linha,
Esvaziar o ar assombrado e a mina com gnomos.
Destecer o arco-íris...

John Keats, "Lamia" (traduzido a partir da edição francesa *Poèmes et poésies*, Paris, Gallimard, 1996)

Mas semelhantes sóis sentados em seu centro escaldante,
E cada qual soberano de um mundo a seu redor correndo,
Não têm eles mesmos um fixo local.
Cada um com seu mundo através do espaço,
Evoluem também: um invencível peso
Os encurva sob o jugo de irresistíveis leis...

André Chénier,
Hermès (trecho), 1884

Newton, vendo cair a maçã,
Concebeu a matéria e suas leis:
Ah! surgirá algum dia
Um Newton para a alma humana?

Havendo no infinito azul
Um centro a que os pesos se suspendem,
Igualmente todas as almas tendem
A seu centro único, seu Deus.

(...) Quem há de sondar esse universo
E a gravitação poderosa que o conduz?
Vem, ó Newton da alma humana,
E todos os céus se abrirão!

Sully Prudhomme,
"Le Monde des âmes",
em *Poésies*, 1883

Uma visita a Herschel

Naturalista, geólogo e ativo incentivador dos aeróstatos, Faujas de Saint-Fond visitou Herschel em 1784, três anos depois de sua descoberta do planeta Urano – que naquele tempo ainda se chamava "Herschel". Seu diário nos revela ao vivo o grande astrônomo e sua excelente irmã, dando-nos de passagem as impressões de um turista francês em Londres, cinco anos antes da Revolução Francesa...

Visita ao Observatório de Greenwich

"Sexta-feira, 13 de agosto (1784), passei quase toda a manhã ocupado a escrever ou pondo em ordem objetos de história natural que me foram dados. À 1 hora, tomei o carro com o Sr. conde Andréani e o Sr. Thornton e nos dirigimos ao Observatório Real, que fica a 8 milhas de distância de onde moramos, localizado em Howard street. A viagem custou 19 libras. Encontramos uma boa parte dos membros da Sociedade Real de Londres no Observatório. Estavam em visita de comissão real, pois a astronomia goza de grande veneração em Londres, sobretudo no que se refere à navegação.

O Observatório se encontra na mais bela posição, sobre uma colina bastante elevada, dominando o mais belo trecho do Tâmisa e de Londres. A multidão de embarcações que cobre quase inteiramente o rio, os mastros a se confundirem com as torres de sinos, as três grandes pontes sobre o Tâmisa, a vista da igreja Saint-Paul e uma quantidade de torres e de edifícios de todo tipo formam um espetáculo tão encantador quanto extraordinário.

Os prédios do Observatório são simples, sem luxo, sem arquitetura, e construídos em tijolos, mas o local dos instrumentos nada deixa a desejar por sua grandeza, precisão e variedade. Os instrumentos são do mais variado gênero.

O Sr. Maskline teve a bondade de nos mostrar tudo e de tudo explicar com o maior cuidado. Os Srs. Aubert e Sancks nos apresentaram ao Sr. Herschel, tão célebre por seus telescópios e por suas descobertas em astronomia, e que estava na companhia dos comissários para a visita ao Observatório. Eu não podia ter ficado mais satisfeito com o Sr. Herschel, que é tão amável quanto erudito, e aceitou me receber em seu observatório particular para passarmos a noite de domingo a segunda observando o Céu.

Fomos fazer a refeição às 4 horas em um restaurante famoso nas proximidades do Observatório, onde tivemos um grande jantar à inglesa. Sentei-me à mesa ao lado do Sr. Cavendish e de Blagden. O jantar transcorreu de modo muito alegre, e permanecemos até as 7 horas à mesa.

Depois disso, passamos a uma sala para o chá e o café: o café era detestável... O Sr. Maskline recitou o benedictus antes do jantar e de novo ao deixarmos a mesa. As duas orações não duraram sequer um minuto. Explicaram-me ser de uso nas refeições públicas.

Sábado, 14 de agosto, fui ver um balão a ar expandido, construído sob a direção do Sr. Schelden, hábil anatomista, e da oficial Gardinner. O aeróstato é em lona, com um verniz semelhante, mais ou menos, ao dos encerados que eu de início desaprovei vendo as amostras que me mostraram, mas que deixei de condenar ao ver o balão de forma esférica, com 56 pés de diâmetro. Ele se inflou muito bem nas tentativas feitas, mas após advertências minhas resolveu-se aumentá-lo para que chegue aos 80 pés e a experiência foi marcada para sexta-feira..."

O Sr. William Herschel em casa

"O observatório do Sr. Herschel fica em uma casa de campo a 20 milhas de Londres, e eu cheguei com o conde Andréani e o Sr. Thornton às 10 horas da noite.

Encontramos o Sr. Herschel ocupado a fazer observações em seu jardim e a senhorita sua irmã em um salão, diante do atlas de Flamsteed, tendo um relógio de pêndulo, com ponteiros, ao lado. Ela podia se corresponder por meio de um barbante com os telescópios do irmão, e escrevia suas observações. Essa inteligente concordância fraterna aplicada às Ciências abstratas, o cuidado escrupuloso de ambos, sua atividade, a constância no trabalho, as noites consecutivas passadas a observar eram exemplos raros, e, por toda a vida, me sentirei grato por ter podido testemunhar tal quadro.

O observatório do Sr. Herschel não fica absolutamente acima de sua casa de campo. Ele preferiu instalá-lo sobre uma base mais sólida, para que espécie alguma de movimento fizesse vibrar seus esplêndidos instrumentos. Era em um jardim que seu observatório estava. Podia-se ver o telescópio, para sempre memorável, em que ele descobriu o oitavo planeta, ao qual o Sr. Herschel deu o nome do rei da Inglaterra, mas que todos os cientistas da Europa desbatizaram de forma unânime, dando-lhe o nome imortalizado de Herschel 2. Foi o telescópio em que, por duas horas, tive o prazer de fazer observações e ver estrelas coloridas com 7 pés de comprimento por 8,5 polegadas de diâmetro. O Sr. Herschel me garantiu que, até chegar àquele último grau de perfeição, havia ele próprio fundido e trabalhado duzentos espelhos.

O telescópio tem como peças auxiliares um telescópio de dez pés e dois outros de 20 pés de dimensão, sendo que um deles tem 18 polegadas inglesas de diâmetro. O espelho deste último pesa 150 libras. Essa enorme maquinaria está montada em uma mecânica tão simples e cômoda que uma criança pode movimentá-la com singular facilidade. Nada mais surpreendente do que esse observatório ao ar livre. Quando o Sr. Herschel procura, por exemplo, uma nebulosa ou uma estrela de última grandeza, ele do jardim chama a irmã, que se coloca de imediato à janela e consulta uma das grandes tabelas manuscritas, gritando-lhe da janela: perto da *estrela gama*, em direção de Órion, ou nessa *constelação*. De fato, nada é mais comovente e amável do que tal acordo com tão simples maneiras."

A Lapônia no dia-a-dia

O padre Outhier não foi apenas o cartógrafo e desenhista da expedição de Maupertuis: seu Journal d'un voyage au Nord en 1736 et 1737, *publicado assim que voltou, nos dá uma quantidade de detalhes sobre a vida cotidiana da equipe e seus trabalhos. Os dois trechos seguintes nos mostram bem o cuidado artesanal com que as verificações eram feitas, na primavera de 1737, para avaliar a precisão dos resultados.*

Diário de uma viagem ao Norte, em 1736 e 1737

Do Sr. Outhier, padre da diocese de Besançon, correspondente da Academia Real de Ciências.

O Sr. de Maupertuis, de início, após o retorno de Pello, retomou as observações relativas ao encompridamento ou encolhimento das réguas verticais de madeira pelo calor ou pelo frio.

Durante a semana da Páscoa, observamos a descida da agulha imantada, que encontramos aos cinco graus e cerca de cinco minutos. Era como, mais ou menos, a havíamos encontrado no Mar Báltico, antes de chegar a Estocolmo.

Verificação da direção do meridiano, 24 de maio

O sol se pôs inteiramente às 10h10min. Haviamo-nos dirigido ao ponto mais alto da ilha Swentzar.

Medição astronômica do arco do meridiano.

Cabana de lapões entre os abetos.

Pudemos ali observar, com o esquadro, o ângulo entre o Sol, o horizonte e o sinal de Kakama, contando, ao mesmo tempo, os segundos, com um relógio de pêndulo que colocamos bem perto, em uma dessas casas que servem apenas para abrigar o feno e o gado, mas que estava vazia. A noite foi belíssima, e na manhã do dia seguinte voltamos a tomar o mesmo ângulo, entre o Sol nascente no horizonte e o mesmo sinal. A direção da nossa seqüência de triângulos em relação ao meridiano, resultante dessas observações, se diferenciava em alguns minutos da direção que havíamos encontrado em Pello. Isso primeiro nos surpreendeu, mas logo fizemos a reflexão de que, como Kittis e Tornea não estão sob o mesmo meridiano, devíamos encontrar algumas diferenças, pelo fato de os dois meridianos sensivelmente se dirigirem ao pólo nos países em que nos encontramos. O Sr. Clairaux rapidamente calculou a diferença que deviam apresentar os dois meridianos, e achamos que, uma vez isto considerado, as direções dos triângulos tomadas em Kittis e em Tornea concordavam com uma diminuta diferença de grau.

Comprimento do grau do meridiano para o círculo polar

Para se ter mais exatamente a amplitude do arco do meridiano, três correções devem ser feitas. A primeira por causa do movimento próprio, pelo menos aparente, das estrelas fixas. A segunda pela aberração dessas mesmas estrelas, causada pelo movimento sucessivo da luz. E a terceira porque o arco graduado do limbo em 5 ½ graus era 3″ ¾ mais curto. Apesar de o Senhor Graham ter reconhecido a dimensão negativa desse limbo e de ter prevenido o Senhor de Maupertuis, não deixamos de confirmar com uma verificação singular que fizemos do setor, nos terceiro, quarto, quinto e sexto dias do mês de maio.

O Senhor Camus colocara horizontalmente o setor em um quarto da casa onde estava alojado. Nós observamos o ângulo horizontal entre duas minas, presos em dois fortes postes plantados no gelo. As minas eram distantes, uma da outra, 36 toesas e 3 pés, 6 polegadas e 6 2/3 linhas, formando uma tangente cujo raio tinha uma base duas vezes medida e fixada em 380 toesas e 1 pé, 3 polegadas e 0 linha. Cada um de nós fez em particular a observação desse ângulo e não houve dois segundos de diferença entre as observações mais divergentes. Pois, tomando um ponto central, o ângulo entre as duas minas foi de 5°30′ 7″ 3/10.

Para fazer essa observação que serviu para verificar todo o arco do limbo, o Senhor Camus estendera um fio que seguia rente ao limbo e marcava as divisões. Estendeu, em seguida, um segundo fio, e, com a ajuda dos dois, verificaram-se por observações as divisões de grau em grau.

Os planetas extra-solares

O "Sistema do Mundo" de Newton é o sistema solar. Mas outras estrelas podem estar circundadas por planetas mantidos em órbita pelo efeito da lei universal da gravidade. Fontenelle já havia imaginado "uma pluralidade de mundos possíveis". O primeiro desses planetas extra-solares foi descoberto em 1995. A possível existência de "outros mundos" excita a imaginação de nossos contemporâneos, como excitara a de Fontenelle: e se existir, ao redor de uma estrela, um planeta em que a vida seja possível, uma outra Terra? Difícil imaginar o que Newton teria achado disso...

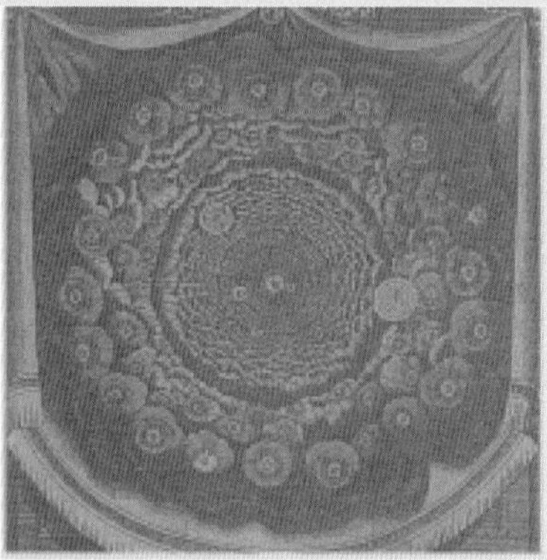

Nesta ilustração tirada de *Entretiens sur la pluralité des mondes de Fontenelle* (1719), distingue-se no centro o Sol, cercado por seus planetas (Mercúrio, Vênus, Terra, Marte, Júpiter, Saturno), assim como outros sistemas planetários girando ao redor do sistema solar. Fontenelle, porém, era adepto dos turbilhões de Descartes, e pediu ao artesão gravador que os envolvesse, uns nos outros, em "turbilhões".

"Júpiteres quentes"

A primeira descoberta desses "exoplanetas" data de 1995. Girando ao redor da estrela 51-Pegasi, que é ligeiramente menos maciça do que o Sol e alguns bilhões de anos mais velha, o planeta foi descoberto pelos pesquisadores suíços Michel Mayor e Didier Queloz. Sua massa corresponde a pelo menos 45% a de Júpiter e seu período orbital é de 4,23 dias, ou seja, menos de um vigésimo do período de Mercúrio. Outros planetas similares foram detectados posteriormente. [...] Isto significa que 1% das estrelas de tipo solar possui planetas do tamanho dc Júpiter, cujo período não vai além de uma semana. Com grande massa e órbita próxima da estrela, eles são chamados "Júpiteres quentes".

Jack J. Lissauer,
em *La Recherche*,
dezembro de 2002

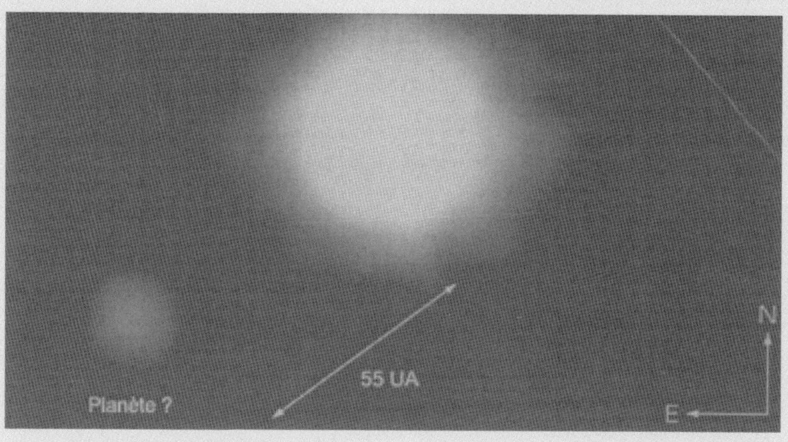

No centro da imagem, a anã marrom 2M1207, na constelação de Hidra. O ponto situado bem próximo, à esquerda, pode ser um exoplaneta.

Como um planeta tão maciço pôde se formar tão perto de sua estrela?

As temperaturas que reinam nessas regiões centrais da nebulosa primitiva, onde hoje em dia se encontra 51-Pegasi-B, são elevadíssimas. A condensação de partículas e a acreção de um núcleo de rochas são ali praticamente impossíveis. Pior ainda: os efeitos de maré [projetando as partículas para fora] que a estrela exerce sobre o gás da nebulosa impedem localmente a agregação de matéria para formar um planeta gigante. Para explicar esse paradoxo, imaginou-se que o planeta se formou distante dali, para além de 3 UA (unidade astronômica). Pode ter progressivamente derivado até chegar à atual posição (4,5). Tudo isto sugere uma questão importante: talvez Júpiter, Saturno, Urano e Netuno [os maiores planetas do sistema solar] tenham sido formados em órbitas diferentes das que atualmente são observadas.

Gilles Chabier e Tristan Guillot,
em *La Recherche*,
setembro de 1996

Imagens em breve?

Hoje em dia [em 1999], é ainda tecnicamente impossível fotografá-los [os exoplanetas] diretamente. Pode-se apenas observar o movimento que, sob efeito de sua própria ação gravitacional, eles induzem sobre a sua estrela "parente". Esse movimento, cujo período e amplitude nos dão informação sobre a massa do planeta [com aplicação das leis de Newton], é revelado pelas variações do espectro da estrela...

Jean Schneider,
em *La Recherche*,
junho de 1999

Na primavera de 2005, o obstáculo tecnológico parece ter sido transposto graças a novos métodos ópticos: quatro equipes de pesquisadores anunciaram, entre 22 de março e 30 de maio, imagens fotográficas de exoplanetas.

BIBLIOGRAFIA

— Flammarion, Camille, *Astronomie populaire*, Flammarion, 1879, reed. 2002.
— La Cotardière, Philippe de, *Dictionnaire de l'astronomie*, Larousse, 1999.
— Levasseur-Rigoud, Any-Chantal e La Cotardière, Philippe de, *Halley, le roman des comètes*, Denoël, 1985.
— Pecker, Jean-Claude, *La Nouvelle Astronomie*, Hachette.
— Verdet, Jean-Pierre, *Histoire de l'astronomie ancienne et classique*, PUF, "Que sais-je?", 1998.

Para amadores da observação celeste

— *Guide S.A.F. de l'astronome amateur*, Société Astronomique de France, 3, rue Beethoven, 75016 Paris.

E para quem quiser se iniciar em cálculos...

— Meeus, J., *Calculs astronomiques à l'usage des amateurs*, Société Astronomique de France.

Sobre Newton

— Bourgeois, Christian, *Newton* (tradução de J.-P. Marat), Optique, 1989.
— Dobbs, Betty Jo Teeter, *Les Fondements de l'alchimie de Newton ou La Chasse au lion vert*, G. Trédaniel, 1981.
— Gleick, James, *Isaac Newton: un destin fabuleux*, Dunod, 2005.
— Newton, Isaac, *De la gravitation*, Gallimard, "Tel", 1995.
— Newton, Isaac, *Principia: principes mathématiques de la philosophie naturelle*, Dunod, 2005.
— Newton, Isaac, *Principes mathématiques de la philosophie naturelle* (tradução de Sra. du Châtelet), J. Gabay, 1990.
— Verlet, Loup, *La Malle de Newton*, Gallimard, 1993.
— Westfall, Richard S., *Newton: 1642-1727*, Flammarion, 1994.

ÍNDICE DE ILUSTRAÇÕES

CAPÍTULO 3

CAPÍTULO 4

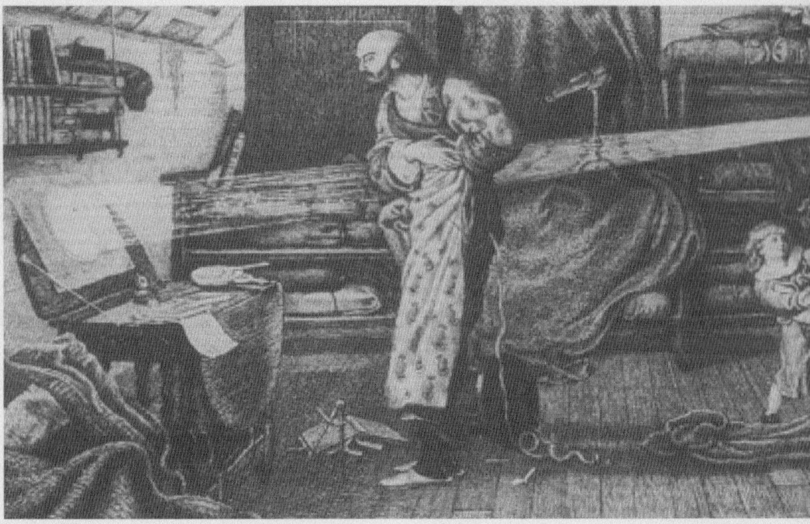

Bibliothèque de l'Institut, Paris.
75ee Os manuscritos dos *Principia* de Newton com suas correções, Sociedade Real, Londres.
75d Uma página dos *Principia* de Newton, Bibliothèque de l'Institut, Paris.
76 Retrato de Edmond Halley por Richard Phillips, gravura, National Portrait Gallery, Londres.
77 *Um impressor* (detalhe de uma tipografia), pintura, col. particular.
78 Retrato de Samuel Pepys, cerca de 1666, National Portrait Gallery, Londres.
79a *Um salão de café em Londres no século XVIII*, pintura, British Museum, Londres.
79b *Marine, clair de lune*, pintura de J. Vernet, Museu do Louvre, Paris.
80e Um sistema hidráulico, gravura, século XVI.
80d Figuras do *Tratado da gravidade do ar*, de Pascal, gravura, 1663.
81 Veículo avançando graças a um jato de vapor, demonstração da terceira lei de Newton "Ação e reação", de W. J.'s Gravesande em *Physics Elementa Mathematica*, gravura, século XVIII.

CAPÍTULO 5

82 A Terra, fotografia feita pelo satélite Meteosat da ESA.
83 Página de rosto das *Philosophical Transactions*, século XVIII, Bibliothèque de l'Institut, Paris.
84e Página de rosto da primeira edição de *Óptica* de Newton, 1704.
84d Retrato de Newton por A. Verrio, Burghley House, Stamford, Lincolnshire.
85 Ilustração do tratado *Óptica* de Newton, Bibliothèque de l'Observatoire, Paris.
86a Pêndulo, gravura, século XVIII, Biblioteca Nacional, Paris.
86/87b Vista da base medida na planície de Yavouqui in *Journal de Voyage de La Condamine au Pérou*, gravura, século XVIII, Bibliothèque de l'Observatoire, Paris.
87a *Portrait de P. L. de Maupertuis*, pintura, 1743, Observatório, Paris.
88 Vista da casa de Corten-Niemi e da montanha de Kittis, gravura em *Journal d'un voyage au Nord*, do abade Outhier, 1744, l'Bibliothèque de Observatoire, Paris.
89 Rena atrelada ao pequeno trenó, gravura in *Journal d'un voyage au Nord*, do abade Outhier, 1744, Bibliothèque de l'Observatoire, Paris.
90 Medidas de Bouguer no Peru, em *La figure de la Terre*, Bibliothèque de l'Observatoire, Paris.
91 Carta do Meridiano de Quito, de La Condamine, "Medida dos três primeiros graus do Meridiano", l'Bibliothèque de Observatoire, Paris.
91d Carta do rio Tornio em *Journal d'un voyage au Nord*, do abade Outhier, Bibliothèque de l'Observatoire, Paris.

TESTEMUNHOS E DOCUMENTOS

ÍNDICE

CRÉDITOS FOTOGRÁFICOS

Ann Ronan Picture Library 11, 17, 56e, 81,84e, 108, 114. Archives Gallimard 13, 15, 32b, 54, 74, 75d, 83, 85, 100b, 119, 121, 127, 136, 140. Artephot 22/23, 24, 25, 33, 107a. Bibl. Nac. 42, 43, 53a, 60b, 61, 63a, 63b, 72, 86a, 129. Bridgemand-Giraudon 79a. Bridgemand Art Library 12, 49, 60a, 84d, 132. British Museum, Bulloz 77. Charmet 16, 18, 19, 27, 35b, 44a, 44b, 62, 98, 99, 124a, 124b, 132. Cosmos/NASA/Science Photo Library 111, 82, 92, 102b, 103, 105, 106/107e, 110, 134, 135, 136, 137. Dagli-Orti 21, 39, 41. Direitos Reservados 10, 14, 24, 49, 50b/51b, 55, 75e, 124, 125, 131. Edimédia 48, 70a, 96/97. ESO 137. Explorer Archives 26,64b, 65b, 69. Giraudon 52, 93. Lauros- Giraudon 20, 28, 29, 70b, 71, 100a, 109. MPG-Pressebild 112. NASA/Pix 111, 135. National Maritime Museum Greenwich 58, 59e. National Portrait Gallery 59d, 68,76,78. Observatório de Paris 32a, 34, 35a, 36/37, 38, 46, 47, 50a, 51a, 65a, 86b, 87a, 87b, 89, 90, 91, 101, 115, 116, 117, 134, 135. Palais de la Découverte 56d. Réunion des Musées Nationaux 30/31, 79b. Roger-Viollet 40a, 40b, 57. Tapabor 64a, 66/67, 94/ 95, 99, 107b. Viollet 80e, 80d.

AGRADECIMENTOS

Agradecemos à Sociedade Real de Londres por sua preciosa colaboração, a Keith Moore, da Sociedade Real de Londres, bem como a Eileen Tweedy.

Jean-Pierre Maury (1937-2001) lecionou física na Universidade Paris VII. Autor de diversos manuais de física, de estudos sobre a obra de físicos importantes mas desconhecidos do público comum e de vasto material de divulgação científica para jovens.

A reedição desta obra foi revista por Françoise Balibar, física e autora do livro *Einstein*, também da coleção Descobertas.

CIP-BRASIL. CATALOGAÇÃO-NA-FONTE
SINDICATO NACIONAL DOS EDITORES DE LIVROS, RJ

M415n Maury, Jean-Pierre
Newton e a mecânica celeste / Jean-Pierre Maury ; tradução Ana Deiró, Jorge Bastos. - Rio de Janeiro : Objetiva, 2008.
144p. : il. - (Descobertas)

Tradução de: *Newton et la mécanique céleste*
Apêndice
Inclui bibliografia
ISBN 978-85-7302-905-5

1. Newton, Isaac, Sir. 2. Cientistas - Grã-Bretanha - Biografia. 3. Mecânica celeste. I. Título. II. Série.

08-2292. CDD: 925
CDU: 929:5